基于学科核心素养的
中学英语课堂教学建构

魏创文◎著

中国出版集团 现代出版社

图书在版编目（CIP）数据

基于学科核心素养的中学英语课堂教学建构／魏创
文著. －－北京：现代出版社，2020.6
ISBN 978－7－5143－8663－9

Ⅰ．①基… Ⅱ．①魏… Ⅲ．①英语课－课堂教学－教
学研究－中学 Ⅳ．①G633.412

中国版本图书馆 CIP 数据核字（2020）第 094989 号

基于学科核心素养的中学英语课堂教学建构

作　　者	魏创文
责任编辑	杨学庆
出版发行	现代出版社
通讯地址	北京安定门外安华里 504 号
邮政编码	100011
电　　话	010—64267325　010—64245264（兼传真）
网　　址	www. xiandaibook. com
电子信箱	xiandai@ cnpitc. com. cn
印　　刷	北京荣泰印刷有限公司
开　　本	880 毫米×1230 毫米　1/32
印　　张	4.5
字　　数	120 千字
版　　次	2021年6月第1版　2021年6月第1次印刷
书　　号	ISBN 978－7－5143－8663－9
定　　价	48.00 元

前　言

　　21世纪我们所面临的竞争主要是人才的竞争。世界各国综合国力的竞争愈演愈烈，已经从经济实力、生产力水平竞争，转化为人才的竞争。在这样的背景下，世界各国都将目光转向了教育，人们普遍认为，教育应该培养适应未来社会的具有核心素养的人。

　　面对现代社会生活的深刻变化和社会主要矛盾的转化，我国"十三五"规划中将中小学教育质量的全面提升提到了国家的战略高度，同时要求把"创新、协调、绿色、开放、共享"五大发展理念贯彻到基础教育中，为人的全面发展和经济社会进步做出更大的贡献。《教育规划纲要》指出，基础教育要坚持以人为本，提高人的整体素质，解决好培养什么人，如何培养人，为谁培养人的问题。党的十八大报告指出，教育的根本任务是立德树人，培养合格的社会主义建设者和接班人。党的十九大明确提出，广大教师和教育工作者要有责任担当，承担历史使命，贯彻党的教育方针，落实立德树人根本任务。中小学所开设的各门课程都体现了国家意志，渗透着党的教育方针和教育思想，规定了教育目标和教育内容，在立德树人中发挥着重要作用。普通高中阶段在义务教育的基础上，在促进学生基础知识和提高学生基本技能、基本思维和生活态度以及情感态度价值观的基础上，广大教师要进一步提升学生综合素质，发展学生立足社会、着眼未来的核心素养，培养广大学生的理想信念和提升他们的社会责任感，提升科学文化素养和终身学习能力。因此，作为一线的广大教师和教育工作者，我们需要适应时代发展潮流，结合时代特点和背景，关注信息化环境下的教育教学改革，关注学生个性化、多样化的学习和发展需求，改变人才培养模式；广大教师要改变教学观念，改变教学模式和教学方式，研究教育教学面临的新问题和新情况，遵循教育教学规律，以学生为主体，关注学生的成长需求，教学要关注学生的思想情感，密切联系学习生活实际，促进每个学生主动、活泼地发展；根据社会对人才的需求，通过促进中国学生核心素养发展把对学生德智体美全面发展总体要求贯穿在教学实践过程中。中小学各学科教学要认真研究和挖掘如何在教学实践中全面贯彻党的教育方针，发展素质教育的独特育人价值，完成立德树人伟大历史使命，基于学科知识体系和特点发展学生的核心素养。

在历次教育教学改革中，英语学科都处在改革的最前沿，在新时代发展学生核心素养的教育改革要求下，英语学科应该承担起本学科的育人使命，应基于学科特点，基于立德树人，基于新高考的基础教育课程改革进行中小学英语教育教学理念和教学方式深层变革，提升中小学教育阶段英语教学质量，发展中学生英语学科核心素养，提升中学生英语学科核心素养视域下的语言能力、思维品质、文化意识和学习能力。好多学者和英语教育研究者通过研究表明，在英语教学中学生英语学习活动的实施和开展是发展学生英语核心素养的重要途径。教师和学生通过主题意义探究，通过深度理解文本和表达思想观点的语言实践活动，融合英语语言知识学习和英语技能发展；通过一系列思维活动，构建结构化知识；通过学习理解、应用实践、迁移创新三类学习活动，在分析问题和解决问题的学习过程中发展思维品质，形成文化理解，塑造学生正确的人生观和价值观，促进学生英语学科核心素养的形成和发展。

本作品有以下两个比较突出的特点：一是融合了国内外关于学生核心素养的研究成果。国外对于学生核心素养的研究经历了较长的时期，研究成果丰硕。本书充分吸收了当前国外最有影响的核心素养研究成果，对我国学生核心素养发展研究进行了介绍，对英语学科学生核心素养发展的内涵和实施途径进行了介绍和分析。二是体现了理论与实践的统一。本书侧重了学生核心素养发展的理论阐述与深入分析，对核心素养的基本理论及相关研究情况做了较为详细的介绍，同时，基于英语学习活动观提供了一些典型的英语课堂教学学生学习活动课例，并对这些课例进行了介绍与分析，包括主题语境、语篇类型、教学目标、教学流程、学习活动分析、课例评价等，简单明了，便于把握，具有一定的指导性和可操作性。

本书作者魏创文老师长期在教学一线从事课堂教学实践和英语教学研究，积累了丰富的教学经验，近年来从事英语课堂教学学生学习活动的实践研究，有诸多有影响的论文发表。

当然，由于对某些问题研究得不够充分，本书有些论述还有待继续探讨和完善，真诚欢迎专家学者、同行及读者批评指正。

西北师范大学外国语学院　武和平

2019 年 10 月 20 日

目　录

第一章　国外核心素养研究综述

进入 21 世纪以来，科学技术和人才成为全球竞争的重要资源，世界各国都从发展战略的高度来看待教育，思考如何结合时代要求提高教育质量，增强国民素质，以适应未来社会的人力需求。全球化和信息化的趋势要求增强人的文化理解和文化包容能力，同时也需要增强获取与利用信息能力、解决复杂问题能力、创新精神与创新能力等。与此同时，人们的教育质量观发生了巨大转变，衡量教育质量不再仅凭学生考试成绩，而是着眼于学生的全面发展和综合能力。核心素养是学业质量标准的主要内容，各个国家都试图建立符合本国国情的核心素养框架或指标体系，用以指导教育教学实践。

世界经济与合作组织（以下简称经合组织）于 20 世纪末实施的项目"素养的界定与遴选：理论框架与概念基础"是有关核心素养的最有代表性的项目。它研究了主流社会和充分就业所必需的知识、技能及态度等，并且认为这些知识、技能和态度是可迁移的且发挥着多样化的功能。该研究项目主要是在全球不同学科不同国家的文化背景和理念下，研究探索和确定了学生核心素养的基本理论、概念和内容以及学生核心素养与经济、社会发展之间的关系，为世界各国的教育发展提供了借鉴。

联合国教科文组织 1972 年在《学会生存》一文中提出了教育发展的目标是人和人的个性的完整、全面实现。1996 年，联合国教科文组织"国际 21 世纪教育委员会"发表了《学习：财富蕴藏其中》的报告。在这个报告中，把"终身学习"作为教育行动与教育改革的指导性原则。与此同时，"终身学习"还是一种促进人类有意义地高质量生活的理念，它要求人们能够学会在生活中处理和应对一切变化和挑战。在"终身学习"思想指导下，联合国教科文组织提出了终身学习的四个方面，2003 年又提出了"学会改变"这一基本素养，最终形成了终身学习五个方面，它们分别是学会学习、学会做事、学会共处、学会发展、学会改变。联合国教科文组织于 2013 年发布了《向普及学习迈进——每个孩子应该学什么》的研究报告。这份报告提出了检测学生学习成果的七个维度，它们分别是健康身体、社会情绪、文化艺术、语言沟通、学习方法、数字与数学、科学与技术。

欧盟最初将核心素养定义为一个人在知识经济社会中实现自我价值、融入社会生活和适应就业时所具备的能力（包括知识、技能与态度）。欧盟 2000 年在里斯本举行的高峰会中，确立了要基于终身学习，建构一套核心素养体系作为欧盟各成员国共同的教育目标。欧盟于 2010 年达成了世界上最具竞争力的知识经济实体的目标，发布了《多样化体系与共同的愿景：2010 年欧洲的教育与培训》的报告，这份报告指出，"核心素养"将决定着或直接影响着欧盟公民的素质，会影响欧盟未来全球背景下的竞争力。2005 年欧盟执委会发表了《终身学习核心素养：欧洲参考框架》，该报告从三个维度明确界定了终身学习的关键素养，它们包括语言交流、数学与数字化素养，创新意识、学会学习、公民素养，文化意识等。

美国的核心素养主要指学生或工作者都必须具备的能力，培养具有 21 世纪工作技能及核心竞争能力的人，充分满足其后续大学深造或社会就业的需求，成为 21 世纪称职的社会公民、员工及领导者。这些核心素养具体划分为三个维度二十项内容，即沟通、阅读、通过写作传达观点、说清楚使他人理解、积极地倾听、批判地观察、人际技能、与他人合作、引导他人、提倡与影响、解决冲突和协调、决策技能、解决问题和做决定、计划、终身学习技能、使用数学来解决问题并与他人沟通、担负学习的责任、通过研究来学习、反省与评价、使用信息和沟通技术。

在英国的研究和教育体系中，核心素养主要是指年轻人为了适应将来的生活以及学习、生活和工作需要具备的关键技能和资质。1989 年，英国产业联盟在其发表的《通向技能革命》一文中，确定了核心技能的内容。1996 年的迪林报告将社会政治哲学、积极需求与课程改革联系在一起，强调在社会经济需要的同时，也强调了个人要求。2003 年，英国发布了《21 世纪核心素养——实现潜力》一文，对高中生应该掌握的核心素养进行了界定。英国将核心素养概念界定为九项内容，具体包括有效的沟通、个人与人际技巧、与他人合作、运用数学、运用科技与信息、熟悉现代语言、解决问题、处理变化、学习与自我提升。

　　法国将核心素养分为两个方面五项内容，即掌握法语、掌握数学基本知识、至少会运用一门外语、掌握信息与通信的常规技术、具备自由履行公民责任的人文与科学文化。澳大利亚于 1991 年 9 月成立了"梅尔委员会"，1992 年 2 月该组织提出了核心素养的六项关键能力，它们具体包括沟通观念与信息，收集、分析与组织信息，规划与组织活动，与他人合作及在团队中工作，运用数学概念及技巧，运用科技解决问题的能力。德国的核心素养是从职业教育中发展起来的，它分为专业能力、社会能力和自主能力三个方面十八个项目。德国的关键能力内容和内涵以及分类实践性很强。

　　日本普遍把核心素养界定为生存能力，从 20 世纪 90 年代后期就提出要培养孩子适应信息化、国际化社会的核心素养。日本"教育课程编制基础研究"项目组提出了日本人必须具备的适应未来竞争、能在 21 世纪生存下去的能力，具体包括基础能力、实践能力、思维能力三个方面十三个项目，具体包括语言技能、数量关系技能、信息技能、发现和解决问题的能力、创造力、逻辑思维能力、批判思维能力、元认知、适应力、自律、建立人际关系的能力、社会参与力、可持续发展的责任。

　　通过以上比较我们发现，世界各国的核心素养内涵和指标体系呈现出国际化的趋势，具有好多共同点。即面向未来，以终身学习与发展为主线。具体来说，沟通交流能力是各国和所有国际组织都普遍重视的核心素养。除此之外，语言能力、数学素养、信息技术素养、问题解决与实践探索能力、自主发展、团队合作等方面也是多数国家都强调的核心素养。

第二章　我国核心素养研究现状

一、我国核心素养的研究背景

党的十八大提出了立德树人根本任务和要求，为了把这一要求落到实处，2014 年，教育部印发了《关于全面深化课程改革落实立德树人根本任务的意见》（以下简称《意见》），该《意见》指出，将组织人员和机构研究提出中小学各学段促进学生发展的核心素养体系，明确学生应具备的适应终身发展和适应未来社会发展所需要的必备品格和关键能力。研究中国学生发展核心素养是适应时代发展的需要，也是我国的强国战略。主要有三方面的原因，一是贯彻党的教育方针，落实立德树人根本任务的需要。党的教育方针对我国的人才培养指明了方向，具有重要的指导意义。但是把党的教育方针细化、具体化为学生发展的核心素养，则更有利于广大教师在教育教学过程中切实理解和贯彻落实党的教育方针，并且使这一过程更具有操作性，更有利于检测和评价。二是为了适应时代发展，适应国家发展战略，适应世界教育改革发展总趋势，也是提升我国教育总体质量和国际竞争力的需要。伴随着新时代的到来，全球都在研究和探索思考 21 世纪的学生应具备的核心素养，以能够较好地适应未来社会。因此，核心素养的研究遍及全球，影响着学校和课堂、影响着人才培养模式和学校教学方式。我国为了提升我国教育的国际竞争力，贯彻和实施人才强国战略，也要思考和解决这一战略问题。三是我国深化教育改革，提升国民整体素质，推进素质教育的需要。这些年来，我国广大教师和教育工作者，经过漫长的艰苦探索和实践研究，在推进学生的素质教育方面取得了显著的成效，也积累了丰富的经验。但同时也存在着诸多的问题。我国传统教学课程体系重视学科知识内容的诠释。这种以学科知识为导向的课程，知识结构科学、完整，能够使中小学生打下良好的知识基础。然而，侧重学科知识的科学性和完备性，往往将现实生活的知识抽象化。学生面临的常常是抽象的知识世界，形成的是"碎片化"的知识，难以将书本知识和现实世界联系起来，无法运用学过的知识解决现实生活当中出现的问题，缺乏问题解决能力、创造性思维等。另外，素质教育在课程中的体现比较模糊，评价标准不够具体和不具有可操作性，学生的社会责任感、创新精神和实践能力比较薄弱等。这就需要进一步丰富和完善素质教育的内容、内涵和评价标准体系，以培养学生核心能力和素养为主线，安排学科知识内容，则能有效地解决学生现实世界和知识世界的冲突，让其面临真实而复杂的现实问题，提高学生的综合能力，使其得到全面发展。从真正意义上落实立德树人根本任务。

二、我国核心素养的基本内涵

最近几年，我国在学生核心素养方面进行了大量的研究和探索，许多学校和许多学科都在进行着基于学科核心素养的研究和实验。我国学生核心素养的发展主要通过中小学各个学科的教育教学来完成。各学科的课程都要服务于促进学生的核心素养的发展，各学科都要结合学科体系、学科内容帮助学生形成未来生活所需要的必备品格和关键能力。围绕着核心素养这个中心，形成了各学科的核心素养，如数学核心素养、英语核心素养、语文核心素养等。

（一）我国关于核心素养的理论与实践研究现状

国内核心素养概念的提出是最近几年的事情，但国内广大教师和教育工作者对核心素养的概念并不陌生。世界上很多国家和国际组织已经提出了适用于自己国家或地区的核心素养框架。我国已有不少学者也探讨和介绍了这些方面的情况。

描述和选择学生核心素养内容与内涵是教育教学改革中长期研究探索与实践的结果。尽管现有文献和资料对核心素养的内容和内涵的描述与定义有所不同，但是在核心素养的概念中，以人为本的教育思想得到了世界的广泛认同。我国提出的核心素养就是要解决为谁培养人、培养什么样的人、怎样培养人的问题。在我国核心素养的内容和内涵中，在传统的知识与能力的学习基础上，突出了人的全面发展，强调了人的终身学习，关注了人与社会的统一协调发展。这一思想与经合组织的核心素养模型中的人与工具、人与自己、人与社会三个维度也大致相符。在阐述或定义核心素养时，许多研究者借鉴了国外已有的较为成熟的概念体系，并分析研究了这些体系对我国学生核心素养发展模型构建的启示，例如裴新宁、刘新阳和张娜分别梳理了欧盟和经合组织的核心素养模型的关键概念，为我国核心素养的研究提出了建议。这些建议主要集中在核心素养的遴选与界定，侧重于研究过程。例如，他们建议在核心素养的研究过程中应当综合各个学科、各个领域的专家学者意见，综合考虑利益相关者的意见，应在大规模调查的基础上和政策的支持下，注意结合我国的文化背景和教育环境，描述和界定核心素养。虽然这些启示和建议仍有待完善和落实，但为广大教育工作者和研究者借鉴国外经验提供了思路。有些研究者从我国的教育现状和教育文化背景出发，对研制我国学生核心素养发展提出了有建设性的建议，如柳夕浪认为，应借鉴核心素养的研究成果来丰富和完善我国的素质教育。我国学者姜宇、辛涛提出，构建我国学生核心素养体系应围绕社会主义核心价值观。刘霞、辛涛、姜宇还从建立教育质量标准的需求、我国的教育目标、国外对核心素养的遴选原则等方面解读了核心素养。他们指出，核心素养的内容和内涵既包括传统的教育领域的知识和能力，还包括学生的情感、态度和价值观。中国学生核心素养发展是基于人的全面发展，体现了促进人的全面发展、适应社会需要的要求，并为学生终身学习、终身发展打下良好的基础。

中国台湾学者陈伯璋等人（2007）指出，素养是指个体为了发展成为一个健全的个体，必须适应未来复杂的生活情境需求所不可缺少的知识、能力，其内涵包括知识、能力或技能、态度。蔡清田（2010）认为，"素养"这个词体现了个体在面对实际问题与可能的挑战时，能够运用所掌握的知识、能力与态度，理性地采取有效行动，达成目的或解决问题，"素养"是个人应对生活所必备的条件，也是现代社会公民必备的条件。

（二）我国关于学生核心素养的基本内涵

在我国教育研究界，大家普遍认可和接受的核心素养的内涵和内容基本一致。即学生在中小学各学段各学科课程的学习过程中，在教师的指导和帮助下，在一定的学习情境和环境中，为了适应个人终身发展、适应未来社会发展需要而逐步形成的必备品格和关键能力。这一概念可以涵盖知识与能力、态度与价值观等方面，超越了传统教育中重视知识、重视认知技能，轻视学生情感发展、道德发展以及态度、价值观等非智力因素的现象。在内容和内涵上有助于与经合组织、欧盟、联合国教科文组织等国际组织倡导的教育改革潮流接轨。通过对核心素养的概念的界定，我们会发现，我们国家提出的学生核心素养是对学生多方面要求的综合表现，是每一位学生在未来生活和职业生涯中获得成功，也是适应个人终生发展，适应未来社会发展的共同素养，它包含了关于学生知识、技能、情感、道德、态度、价值观基本原则，目的是为了培养全面发展的人，我国的核心素养分为文化基础、自主发展、社会参与三个方面，综合表现为人文底蕴、科学精神、学会学习、健康生活、责任担当、实践创新六大素养，它具体细化为十八个基本要点（见图1）。依据我国学生发展核心素养的这一框架，针对中小学学生的年龄特点，进一步提出各学段各学科学生的具体要求和评价标准。我国的核心素养研究，是在马克思主义关于人的社会性等本质属性的观点指导下，结合国际背景和我国新时代发展特点与特征而展开的，它的内容和内涵充分吸收了我国传统文化中的精华，与治学、修身、济世等传统修养相呼应，包含了个人、社会和国家三个层面的要求。中小学各学段各学科都承担着这一教育教学重任，广大教师和教育工作者在教育教学实践中需要进一步发展和提升学生这些素质，着力发展学生这些核心素养，使我们培养的学生具有崇高的理想和坚定的信念，具有社会责任意识和强烈的社会责任感，能勇挑重担，能担当使命，同时，具有科学文化素养和终身学习能力，具有国际视野和创新能力，具有自主发展能力和沟通合作能力。中国学生发展核心素养体现了国家的教育方向和教育政策，是党的教育方针在教育教学过程中的具体化、细化。

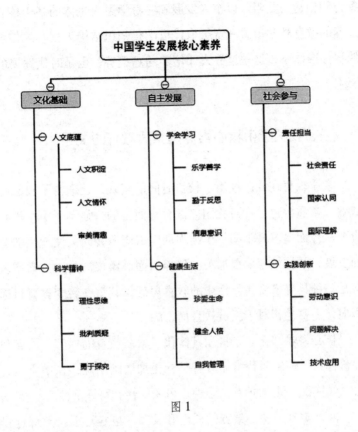

图 1

　　在教育教学中，我们应充分考量和突出学生核心素养的发展，将核心素养的发展作为驾驭教学的终极目标。发展学生的核心素养是我国当前教育改革的核心内容，也是教育改革的目标和方向。目前和今后教育教学的一系列改革都要围绕发展学生的核心素养而展开。之所以这样说，是人们意识到，知识教学要够用，但不能"过度"，因为知识教学过度会导致学生想象力和创造力受阻。以个人发展和终身学习为主体的基于核心素养的教育教学模式一定会取代以学科知识结构为核心的传统课程标准体系，这是世界人才培养的总趋势，也是时代发展的要求。

三、我国学生核心素养与素质教育的关系

素质教育在我国经历了较长时间的实践，也取得了较好的成效。素质教育是针对我国应试教育而言的，强调了中小学教育要从片面追求升学率、单纯强调应试应考转向关注学生的全面发展，学校教育要更加关注培养全面健康发展的人。素质教育是一种具有宏观指导性质的教育思想，其重在转变教育目标指向，主要是相对于应试教育而言的。

核心素养细化、丰富和具体化了素质教育的内容、内涵和评价体系，使新时代素质教育目标更加清晰明确，在中小学教育教学实践中更加具有指导性、可操作性和可评价性。

除此之外，核心素养的提出和发布，也是对素质教育过程中暴露出的问题的反思、完善与改进。我们知道，尽管素质教育已经进行了好多年，在人才培养方面已经取得了较好的效果，但是应试教育在我国长期存在，根深蒂固，要改变人们这一教育观念还需要一些时日。要彻底改变和解决这一长期存在的问题，就需要改进和完善评价体系和评价标准，构建基于中国学生核心素养发展的评价标准，全面推进素质教育，深化教育改革。

四、学生发展核心素养与学生综合素质评价的关系

综合素质是对学生的整体要求，强调学生在接受教育过程中德智体美劳各种素养齐头并进、相互影响促进、协调发展。学生发展核心素养是对学生综合素质具体的、系统化的描述。这两者之间相互影响、相互促进。研究学生发展核心素养，有助于全面把握综合素质的具体内涵，科学确定综合素质评价的指标；反过来，综合素质评价结果可以反映学生核心素养发展的状况和水平。

五、我国学生发展核心素养在中小学教育教学实践中的落实途径

我国学生发展核心素养借鉴了世界各国和组织关于核心素养的研究成果，基于我国经济、社会发展特点，在广泛调查研究的基础上由国家教育研究机构经过系统设计研制出的育人目标框架。要贯彻落实这一国家教育战略，需要各级教育行政、教育主管部门和各学校以及广大教师和教育研究人员从整体上推动各教育环节的变革，最终形成以人为本、以学生发展为核心的完整育人体系。我国学生发展核心素养在教育教学实践中的落实途径主要通过课程改革、教学实践和教育评价三个方面。

通过课程改革落实核心素养，就是我们中小学广大教师要把提升和发展学生的核心素养作为课程整合、教学设计的依据和出发点，进一步明确各学段、各学科具体的育人目标和任

务，依据这些目标和任务确定和选择课程内容，并使之系统化。

通过教学实践落实核心素养，就是我们中小学广大教师要研究和明确我国学生核心素养的内容和内涵，依据我国核心素养的内容和内涵确定教学模式、教学方式以及学生的学习方式，将核心素养渗透在教学过程当中、体现在学生学习活动当中，将课堂教学实践作为落实核心素养的主阵地。国家教育行政主管部门可以通过引领和促进教师的专业发展，改变教师育人观念，提升教师的育人水平和教学水平，指导教师在日常学科教学实践中更好地落实学生核心素养发展。通过学生核心素养的引领和指导，帮助学生规划人生，树立信心，明确发展方向。

通过教育评价落实核心素养，就是我们中小学广大教师要转变观念，将对学生的评价由单一的终结性评价向过程性评价等方面转变，转变对学生的评价标准，将学生的核心素养发展作为检验和评价教育质量的重要依据和手段，各学段各学科都要建立基于核心素养的学业质量评价标准体系，依据该评价标准明确学生完成不同学段、不同年级、不同学科学习内容后应该达到的层次和程度，确保核心素养的落实。

第三章　英语学科核心素养的内涵

在国外关于核心素养的研究文献中，有很多涉及了语言学科以及外语学科核心素养的研究。姜宇、刘霞、辛涛对经合组织、欧盟、美国、芬兰等多个国际组织和国家的核心素养进行了总结，其中大部分都涉及了外语素养。在欧盟的核心素养框架中，使用外语交流就是其中之一，欧盟将使用外语交流这一核心素养定义为在适当范围的社会文化情境中，理解、表达与解释的能力，跨文化理解、交流与协调能力。这个概念涵盖了知识、技能和态度三个层面。其中的知识层面就包括外语词汇、外语语法、句法和语言表达形式、社会文化习俗等方面的知识；技能层面包括口语交流会话、文本阅读理解与信息获取、使用词典等辅助工具和手段等；态度层面包括文化意识、文化包容、跨文化交流等。但欧盟框架中其他的核心素养也可以由外语学科承担一部分培养责任，特别是英语学科，如学会学习的目标可以通过英语学习培养学习策略、学习动机和学习习惯来实现；社会与公民素养中的"在不同社会文化环境中进行建设性地交流；包容和理解不同文化和观点"也与英语关系密切，极具相关；主动意识与创业精神正是以英语为母语的美国的文化精神之一，渗透在英语文化和思维当中。澳大利亚的核心素养框架中，英语课程要承担跨文化理解素养的主要培养责任，要求学生使用跨文化理解，从多元的文化视角对各种文化背景的人与物认同。实际上，英语课程与澳大利亚框架中的读写、计算、信息和通信技术、批判性和创造性思维、道德行为、个人和社会能力、跨文化理解这七大通用能力都有关联。这些对于厘清学生核心素养和英语学科核心素养的关系、研究英语学科应培养学生的哪些方面的核心素养都有参考价值。

　　核心素养强调人的全面综合发展，特别强调人的思维品质。国内外许多学者关注和研究了英语、英语学习和思维的关系，他们普遍认为英语语言的学习对学生的认知能力和思维能力有积极的影响，能够促进学生的认知能力和思维能力的发展。而这些能力的发展反过来又会促进英语语言的学习。吴一安教授（2015）强调了语言和思维有血脉般的联系，他认为语言和思维、文化不可分割，在思维和文化品格上具有育人功能。这说明了英语学科具有培养通用的思维能力的价值。还有研究提到，在描述学科核心素养时应注重寻找学科思维，在中国期刊网上关于数学思维、物理思维、化学思维、地理思维、历史思维、语文思维等的文献资料正日益增多，各个学科发挥学科特点和特长，体现学科特色价值。我们在研究和实践英语学科素养时，也应充分发挥英语学科特色和英语学习对通用思维能力的培养。英语作为语言学科，不仅具有作为语言的工具性价值，而且英语具有作为一个学科的育人价值。如果不能准确把握英语学科的育人价值，就不能完全理解英语学科核心素养的内涵。

一、英语学科的育人价值

新修订的各学科高中课程标准都围绕着核心素养来设置和确定课程的内容和目标。以核心素养为基础的课程内容和目标，除了重视发展学生的学科能力以外，还突出了课程的育人价值。育人价值是学科核心素养的基础，英语学科也不例外。为了便于理解和把握英语学科核心素养的内容和内涵，首先我们要明确和理解英语学科的育人价值。学科的育人价值，就是指某个学科的课程内容体系除了使学生学习和掌握某些学科知识、形成和发展学科技能之外，还要促进学生在心智、情感态度价值观、思想品德、社会责任等方面的发展。中小学阶段所开设的各门学科都有育人的价值，都可以从不同的角度和维度促进学生的全面发展，英语学科也如此。一直以来，人们普遍认为英语学科是一门工具性学科，主要用来进行文化交流与沟通，用于人际交往和交际，中小学开设的英语课程在体系和结构的安排上，在内容选择和目标设置上具有功利性，人们认为语言只是交流的工具；对于大多数中国学生来说，把英语作为外语来学习，其目的是掌握另外一种交流的工具，以便在日后的学习、生活和工作中使用英语，除此以外，学习英语好像作用不大。受此影响，一些人甚至认为并非每个中国学生都需要学习英语，并非每个中国人今后都需要使用英语，英语课程可有可无。上述观点是非常片面和短视的，其根源在于没有认识到英语课程在发展和培养人的必备能力和思维品质等方面的作用，没有认识到英语课程的育人价值。

英语是世界主要的国际通用语言之一，也是世界上最广泛使用的语言。学习英语有利于我们在经济、文化、科学技术、国家安全等领域开展对外交流与合作，也有利于我们通过英语来学习科学文化知识。学习英语也是在学习一种文化，学习另外一种逻辑思维方式，学习另外一种思考问题的习惯。其实，中小学的英语课程，除了使学生把英语作为交流工具来学习以外，就像其他学科一样还具有多重的育人价值。比如数学课程不仅仅使学生能够计算或解决数学问题，也不仅仅为了使学生能够在学习其他学科的过程中运用数学知识，数学学科的另外一个重要目的是培养学生的思维能力，特别是数学思维能力和数学思想。数学是人类的一种文化，它的内容、思想、方法和语言是现代文明的重要组成部分，这就是数学学科的育人价值。同样的道理，中小学开设的各种艺术类课程，就学习内容而言，主要是音乐、美术、舞蹈等方面的知识和技能，但开设这些艺术课程的主要目的并不是为了使学生今后成为艺术家或以艺术谋生，而是使学生体验和享受艺术课程学习过程中的快乐，感受美、欣赏美，丰富学生生命的内涵和意义，陶冶学生的情操，提高学生的审美能力。还有，中学历史课程也并不是为了使学生能够在生活或工作中直接使用历史知识或以史为鉴，而是为了培育学生认识人、认识社会与自然及其相互关系所必备的知识与能力以及人文素质，使学生更为理性、更有智慧地参与现代社会生活。

通过以上分析我们可以看出，虽然中小学各门课程都有各自的学科体系和学科内容，但其目的都不完全是为了让学生成为这些学科领域的专家，也不完全是为了让学生在今后的生活和工作中直接使用这些学科知识和技能。中小学开设的各门课程都有其育人的价值，从不同的角度、层面对学生进行培养，促进学生的全面、综合发展，这些发展包括心智的发展、情感的发展、道德的发展、态度和价值观的发展等。同样，英语不仅是交往交流和沟通的桥梁工具，也是思维的工具。学习英语的过程也是学生开拓国际视野，学习外来文化、形成跨文化意识与能力的重要途径，学习英语语言的过程也是提升学生思维品质的过程。

二、英语学科核心素养的构成要素

把握和明确英语学科的育人价值非常重要，有助于我们深刻理解英语学科核心素养的内容、内涵及其构成要素，也有利于英语教师在英语教学实践中落实英语学科的育人价值。以核心素养为课程培养目标的英语课程理念，从英语学科的工具性和英语学科的人文性两个角度来设置英语课程的教学目的与培养目标。新修订的《普通高中英语课程标准》（以下简称《标准》）将英语学科核心素养归纳为语言能力、文化品格、思维品质和学习能力四个方面。（程晓堂、赵思奇，2016），它充分吸收和借鉴了国内外有关核心素养的理论和实践研究成果，结合我国的时代特征，并立足于我国中小学英语课程的现实需求，全面体现了英语学科的育人价值。《标准》要求在中小学英语教学实践中，以发展英语学科素养为目标，落实立德树人根本任务；《标准》指出，实施普通高中英语课程应以德育为先、能力为重，创新为上，强调在英语教学实践中，在提升学生英语语言运用能力的过程中，帮助学生习得语言知识，形成语言能力，学会理解和鉴赏中外优秀文化，同时培育家国情怀，树立社会责任意识，坚定文化自信，拓展国际视野，增进国际理解，逐步提升跨文化交际能力、沟通能力、思辨能力、学习能力和创新能力，形成正确的世界观、人生观和价值观。

（一）语言能力

语言能力是英语核心素养中重要的要素之一，是英语课程的一个具体目标。语言能力是指学生借助语言进行理解和表达的能力，指学生在一定的社会情境中，能够在听、说、读、写、看等语言输入和输出活动中，理解和表达意义、意图和情感态度，培养语言的感知与领悟能力，形成正确的音感和语感的能力。在输入活动中，内化整合产生新知识，形成新技能；在语言理解中，运用已有英语语言知识，能够深度理解语篇传递的要义和具体信息，推断作者的意图、情感态度和价值取向，提炼主题意义，提高表达技能；在输出活动中，能够有效地陈述事件，传递信息，分享个人看法，倾听他人见解，形成语言沟通和表达能力。具体地讲，语言能力主要包含以下方面：一是关于英语和英语学习的意识和认识，例如，对英语重要性的认识，对英语与文化、英语与思维之间的关系的认识，对学习英语的意义与价值的认识等。二是对英语语言知识的掌握程度，特别是运用英语语言知识传递信息和表达意义的能力。三是理解各种题材和体裁的英语口语和书面语篇的能力。四是使用英语口语和书面语表达交流交往的能力。在英语学科的教育教学中，语言能力必须和文化品格、思维品质、学习能力协同、整合性发展，才能够实现英语学科育人的目的，落实立德树人的总目标。

（二）文化品格

在英语核心素养中文化品格是价值取向，主要指学生能够改造、完善自己的内心世界，使自己成为具有理想的文化素养的人，并能在今后政治和社会生活以及跨文化活动中表现出文化素养和能力。我们知道，国际理解能力和跨文化交流能力是现代公民的必备素养。因此，《标准》明确指出，文化品格是指对中外文化的理解和对优秀文化的认同，是学生在全球化背景下表现出的文化意识，人文修养和行为取向。文化品格融合了文化意识和情感态度价值观两个要素的内容。它不仅仅指了解一些文化现象和情感态度价值观，还包括评价和解释语篇的能力，能够比较和归纳语篇反映的文化，形成自己的文化立场、态度和鉴别能力。在英语教学实践中，培养学生较好的文化品格要充分考虑和选择学习资源，合理、科学设置问题和任务，引导学生在跨文化交流中积累知识、提高技能，提高人文修养。英语学习活动的信息输入过程中，文化的理解能力与文化的认同态度是在语言学习活动中，通过价值观的引导和心智活动的实践提高而发展起来的，并逐渐迁移到现实世界的文化生活中，形成文化意识。中学时期是学生的情感态度和价值观发展的重要阶段。中小学所开设的各个学科都对学生形成积极的情感态度和价值观有重要的影响，英语学科也如此。这些情感态度和价值观以各种形式体现在语言实践中。

（三）思维品质

思维是大脑对客观事物及联系间接概括的反映，是在感知的基础上，通过分析与综合、抽象与概括、归纳与推理等智力活动，探索和发现事物本质联系和规律性。在英语学科核心素养中，思维品质是心智保障。《标准》将思维品质界定为人的思维个性特征，反映其在思维的逻辑性、批判性、创造性等方面所表现出来的能力和水平。在这里，思维的逻辑性主要表现为思维的规则和规律，思维的批判性主要表现为质疑、求证的态度和行为，思维的创造性表现为推陈出新。沈子菲（2013）认为，英语学科素养中的思维品质包含思维能力和思维人格特质两方面内涵。前者是认知因素或称智力因素，包括分析、评价、创造等技能；后者是非认知因素，包括好奇、开放、自信、正直、坚毅等特质。发展思维品质目的在于提升学生分析问题和解决问题的能力，促使学生把握事物的本质，从全局全面的角度对事物作出正确的价值判断，具备初步的多元思维的能力，促进学生的深度有效学习。语言是思维的外壳，语言更是思维的工具，思维是在语言材料的基础上产生和发展的，语言与思维能够相互促进，二者相互依存，学习和使用语言要借助思维，同时，学习和使用语言反过来又能够进一步促进思维的发展。不同语言的不同结构体系会产生不同的思维方式，一种语言就是一种文化、一种思维方式，学习和使用母语以外的语言，可以丰富思维方式，促进思维能力的发展。英语教育界人士普遍认为，英语课堂教学中的很多学习活动能够促进学习者思维能力的发展。程晓堂（2015）结合英语语言的特点和英语学习过程的特点，探讨了有可能通过英语学习促进学生发展的十种思维能力。作为英语核心素养的思维品质，既不同于一般意义上的思维能力，也不同于语言能力核心素养中的理解表达能力，而是与英语学习紧密相关的一些思维品质，例如，引导学生观察语言与文化现象、分析比较文化之间的异同、归纳语言及语篇特点、分析和评价语篇所承载的观点、态度、情感和意图、理解英语概念性词语的内涵和外延、把英语概念性词语与周围世界联系起来、根据所学概念性英语词语和表达句式、学会从不同角度思考和解决问题、根据所给信息提炼事物共同特征、借助英语形成新的概念，加深对世界的认识。在这个过程中，帮助学生学会观察、比较与分析、推理与判断、归纳与总结、建构与创新以及评价等思维方式，增强思维的逻辑性、批判性和创造性，提高思维品质。而思维品质的提升又能增强学生的英语语言能力。我们需要特别注意的是，用英语进行理解和表达的过程不仅有利于学生培养普通思维能力，而且有利于学生逐步形成英语使用者独有的思维方式和思维能力。青少年阶段是思维能力发展的重要阶段。基础教育阶段的所有课程都应有利于促进学生思维能力的发展，英语学科也不例外。语言与思维的关系十分密切，学习母语以外的语言对促进大脑和心智的发展具有重要作用。通过学习英语促进思维能力的进一步发展，英语学习有利于促进以下思维能力的发展，即观察与发现能力、逻辑思维能力、概念建构能力、比较与分析能力、信息记忆与转换能力、批判思维能力、认识周围世界的能力、时空判断能力、严密思维能力和创新思维能力。

（四）学习能力

对学生而言，学习能力是指在教师的指导下所掌握的科学的学习方法，即会学。心理学将学习能力界定为在很多种基本活动中表现出来的能力，如观察力、注意力等。《标准》将学习能力定义为学生积极运用和主动调整英语学习策略、拓展英语学习渠道、努力提升英语学习效率的意识和能力。英语核心素养中的学习能力是指学生在英语学习过程中逐步形成的主动学习和自我提升的意识、品质和潜能。主要指通过教学方式和学生学习方式的改变以及课堂学习环境的改善，学生能确立正确的学习观，形成良好的学习动机，养成良好的英语学习习惯，具有一定的英语学习策略，保持对英语学习的兴趣，借助于问题和任务能主动拓宽学习资源渠道和信息获取手段，有效规划学习时间，能够自我约束、自我评价、自我激励，形成主动进取的学习习惯和学习能力。对于我们中国学生来说，掌握英语学习的要领，养成良好的学习习惯，形成有效的英语学习策略非常重要。我们还要注意，作为英语核心素养的学习能力并不局限于学习方法和策略，也包括对英语和英语学习的一些认识、意识和态度。在英语核心素养中学习能力是发展条件。

三、英语学习活动观的理论与实践

（一）人本主义教育思想

人本主义对英语学习活动观影响较大的有马斯洛的需要层次理论和罗杰斯的自由学习观。他们认为，学习者不是被动地被外界诱因所激发，而是根据自己的需要、情感和意愿作出某种行为。

班级教学能够提高受教育的学生的数量，节约教育成本和教育资源，但它忽视了个体的差异性，忽视了个体不同的需要。人本主义心理学家马斯洛认为，人的需要由低到高分为五个层次，他们依次是生理的需要、安全的需要、爱和归属的需要、尊重的需要、自我实现的需要。其中包括求知欲的满足、自我提高的需要等。需要的满足是有先后之分的，只有当低层次的需要获得相对的满足后，人才会有满足高层次需要的动力。这个规律对于学生来说也适用。如果孩子失去了安全的庇护，失去了父母的爱，他自然关注的就是如何使自己的家庭恢复和谐与平静，如何获得父母的爱，而很难做到在此情况下好好学习，满足最高层的求知的需要，要想重新点燃孩子求知的需要，教师必须想办法满足他的安全与爱的需要。

罗杰斯是人本主义教育思想的代表人物。他认为，人在安全的环境中，能直觉地判断对自己最好的目标和行为方式并努力地实现这一目标。教师不需要把知识喂给学生，不需要自己决定学生学习的内容、学习方式和学习策略。学生所需要的只是一个安全的、充满激励性和支持性的学习氛围。当学生处于一个足够安全、民主的学习环境时，学生就会自觉地选择他们感兴趣的学习内容和努力方向，制定适合自己的学习策略和学习方法。教师需要做的就是给学生提供丰富的可供选择利用的学习资源，在学生遇到困难的时候，教师能够提供适当的帮助和指导；在学生遇到失败的时候，教师能够给予学生情感上的抚慰支持和鼓励，帮助学生树立信心，振作精神，克服困难，走向成功。罗杰斯试图通过心理安全、自由民主环境的创设来帮助儿童走向创造性。罗杰斯通过长期观察和研究发现，如果教师和家长对儿童无条件地接受和移情性的理解，为他们提供一种没有外部评价的、自由的环境，那么儿童就会获得心理安全感，充分地思考、感受和形成自由的心理。在这种气氛和成长环境中，儿童无须戴上面具加以伪装，能以其真正的自我出现，能充分地发现对他自己有意义的东西，能努力以新的、自发的方式加以自我发现，并尽情地表达各种各样别出心裁的看法，这样，儿童就可以不断地走向创造性。罗杰斯认为，这是一种基本的对创造性的培养和呵护。罗杰斯倡导一种"非指导性的"教学，它是一种能促进儿童进行"意义学习"的教学模式。这种教学模式的本质特征在于形成一种不寻常的环境使学生的各种潜能得到开发，使学生的"意义学习"得以产生，最终达到使学生学会学习及完善个性的目的。罗杰斯认为，教学是一种体验过程，在这个过程中良好的人际关系很重要，通过学生自己产生问题与解决问题来达到对经验意义的理解，从而有效地影响自己的行为。罗杰斯认为，以学生自由学习为中心的教学最基本的原则是教师自己首先要充满安全感，并且充分信任儿童的独立思考能力和独立学习能力。其次，这种教学需要教师、儿童甚至家长、社会人士共同承担对儿童学习过程的责任，应提供开放性的学习资源，这种学习资源既包括来自教师自身的经验，也包括来自书籍等材料及社会活动等资源。在这个过程中，学生应单独地或与他人合作形成自己的学习计划，并能作出自我评价。同时，这种教学的教学组织过程的目的在于形成一种"促进"的学习气氛，它是一种真实的、充满关心的和理解性倾听的气氛，教师与学生共同构成真实的、理解的、移情的课堂人际关系。在这种促进的气氛中，使儿童的学习以更快的速度、更深刻地展开，并且更广泛地弥散到儿童的生活和行为中。罗杰斯强调教师应把学生的感情和问题所在放在教学过程的中心地位。我们不能直接地教授他人，我们只能使学生的学习得以容易地展开。罗杰斯非常重视教师在教学过程中的作用，认为教师的态度决定着课堂教学的性质与成败。在"非指导性教学"中，教师并非放弃对学生学习活动的主导和指导，教师应作为教学活动的组织者和促进者。其任务主要包括，帮助学生引出并且明确所希望做的事情；帮助学生组织和形成已认可的经验，并且提供广泛的学习活动和学习材料；为学生服务；营造学生接受的课堂气氛；作为学习的参与者而活动；主动地与小组一起分享他们自己的感情和想法；认识并承认自己的缺点等。

罗杰斯从构建融洽的师生人际关系出发，对教师的基本素质提出了要求。在他看来，"真实""接受""移情性理解"是构成良好人际关系的要素，教师一个很重要的职责就是创设良好的人际关系，因此，教师应具备三方面素质：一是做一个真实的人。罗杰斯将此作为教师应具备的最基本的态度。二是无条件地接受学生。罗杰斯认为，人的本性是好的，人具有优越的先天潜能，这些潜能的发展需要良好的、安全的心理气氛。这种良好的心理气氛需要教师对学生各个方面无条件地接受，并相信学生自己有能力进行有效的自我学习。三是对学生的移情理解。移情性理解是对教师的新要求。它要求教师能站在学生的立场，从学生的角度观察世界，对学生的心灵世界敏于理解，设身处地地为学生着想。人本主义首先把学生看作人，其次才是学习者。强调人的需要和能动性并不会弱化学习的重要性、降低学习的效率。因为人本身就有自我提高、自我完善的倾向，当一个人处在安全、支持、自由的氛围中时，他们会自发地进行有效的学习。

（二）选择理论

美国加利福尼亚哥拉斯学院的创建者和校长哥拉斯博士于1996 年提出选择理论，他将自己 1979 年就倡导的控制理论改为选择理论。哥拉斯认为，我们都被四种心理需要所驱动，这四种心理需要分别是归属的需要、力量的需要、自由的需要和快乐的需要。哥拉斯博士在《课堂中的控制论》（1986）一书中指出，我们能够利用归属、影响力和乐趣激发学生们去维持学习的兴趣，挖掘自身的潜力。

美国著名教育家约翰·杜威认为，每一个人都希望被重视、被关怀、被肯定，当他满足了这些要求后，他就会朝着被重视的那个方面焕发出巨大的热情，并成为你的好朋友。杜威认为教育是生活的过程，学校是社会生活的一种形式，"教育即生活"。理想的学校生活应满足儿童的需要和兴趣并与儿童自己的生活相契合；适应现代社会变化的趋势，并能够成为推动社会发展的重要力量。根据"教育即生活"，杜威进一步提出"学校即社会"，目的是为了让学校生活成为一种理想的社会生活，使学校成为一个合乎儿童发展的雏形的社会。要实现这一目标，就必须要进行教育教学改革，改变教学模式，改变教学方式，改变学习方式，改革学校课程，把儿童本身的社会活动作为学校科目相互联系的中心。可见，"学校即社会"是对"教育即生活"这一命题的进一步引申和深入，代表社会生活的活动性课程的引入使学校与社会生活能够相联系。从"教育即生活"到"学校即社会"再到"从做中学"是层层递进的。

杜威之所以提出"教育即生活""学校即社会"，是因为他坚信社会进步及社会改革依赖于教育的变革，教育是社会进步及社会改革的基本方法。他认为社会的改造要依靠教育的改造，杜威希望通过教育改造使社会生活更完善、更美好。

杜威的"教育即生长"实质上是针对当时的教育无视儿童天性，消极地对待儿童，不考虑儿童的需要和兴趣的现状，在提倡一种新的儿童发展观和教育观。要求一切教育和教学要适合儿童的心理发展水平和兴趣、需要的要求。杜威的"教育即生长"是内在条件与外部条件交互作用的结果，是一个持续不断的社会化的过程。杜威要求尊重儿童但不同意放纵之，这是杜威与进步主义教育实践的一个重要区别，"教育即生长"所体现出的儿童发展观也是杜威民主理想的反映。从这个意义上看，杜威的"教育即经验的改造"是指构成人的身心的各种因素在外部环境和人的主观能动过程中统一的全面改造、全面发展、全面生长的过程。杜威要求从做中学、从经验中学，要求以活动性、经验性的主动作业来取代传统教材和教学方法的统治地位。这种活动性、经验性课程与学生的生活联系紧密，与学生的生活经验和心理需求贴切，它的范围很广，包括阅读、书写、绘画、唱歌、演剧、讲故事、烹饪、缝纫、印刷、纺织等形式。在杜威看来，这些活动既能满足儿童的心理需要，又能满足社会性的需要，还能使儿童对事物的认识具有统一性和完整性。杜威还认为，学习应该与学生的需要和兴趣相联系，教育应该包括学会和别人相处，学会尊重他人和理解他人。

选择理论认为学校是满足学生需要的重要场所。学生到学校学习和生活，主要的需要就是自尊和归属感等。按照选择理论，教师和教育工作者只有创造条件满足学生对归属感和自尊感的需要，他们才会感到学习是有意义的，才会愿意学习，才有可能取得学业上的成功。

（三）建构主义教学理论

皮亚杰是建构主义最早的提出者。他通过实验研究认为，环境在儿童的发展中发挥着重要的作用，儿童是在和周围环境相互作用的过程中，逐步形成关于外部世界的概念和知识，也使自身认知结构得到发展。儿童与环境的相互作用涉及"同化"与"顺应"两个基本过程。同化是指把外部环境中的有关信息吸收进来并结合到儿童已有的认知结构中，即"图式"中，同化也是个体把外界刺激所提供的信息结果加工处理整合到自己原有认知结构内的过程；顺应是指外部环境发生变化，而原有认知结构无法同化新环境提供的信息时所引起的儿童认知结构发生重组与改造的过程，即个体的认知结构因外部刺激的影响而发生改变的过程。可见，同化是认知结构数量的扩充，而顺应则是认知结构性质的改变。通过同化与顺应这两种形式，认知个体实现与周围环境的平衡。儿童的认知结构就是通过同化与顺应过程逐步建构起来，并在循环中得到不断的丰富和完善、提高和发展。皮亚杰是从内因和外因相互作用的观点来研究儿童的认知发展的。

科尔伯格在皮亚杰的上述理论的基础上，对认知结构的性质与认知结构的发展条件等方面作了进一步的探索和研究；斯腾伯格和卡茨等人则强调了个体的主动性在建构"图式"过程中的关键作用，并对认知过程中如何发挥个体的主动性做了认真的探索；维果斯基创立的"文化历史发展理论"则强调社会文化历史背景在认知过程中对学习者的作用，在此基础上以维果斯基为首的社会文化历史学派深入地研究了"活动"和"社会交往"在人的高级心理机能发展中的重要作用。所有这些研究都丰富和完善了建构主义理论，为其实际应用于教学过程创造了条件。

综上所述，建构主义本来是来源于儿童认知发展的理论，它比较好地说明了人类学习过程的认知规律，能较好地说明概念如何形成、意义如何建构、学习如何发生以及理想的学习环境应包含哪些主要因素等。建构主义理论的内容很丰富，但其核心是以学生为中心，强调学生对知识的主动探索、主动发现和对所学知识意义的主动建构。以学生为中心，强调的是学；以教师为中心，强调的是教。这正是两种教育思想、教学观念最根本的分歧点，由此而发展出两种对立的学习理论、教学理论。由于建构主义所要求的学习环境得到了当代信息技术成果的强有力的支持，这就使得建构主义理论日益与广大教师的教学实践普遍地结合起来，从而成为国内外学校教学改革的指导思想。

建构主义的知识观认为，知识并不是对现实的准确表征，它只是人们对客观世界的一种解释、假设或假说，它不是问题的最终答案，随着人们认识程度的深入它也会不断地变革、升华和改写，从而出现新的解释和假设。知识并不能绝对准确无误地提供对任何活动或问题解决都适用的方法。在具体的问题解决中，需要针对具体问题的情境，对原有知识进行再加工和再创造。尽管通过语言赋予了知识一定的外在形式，并且获得了较为普通的认同，但知识不可能以实体的形式存在于个体之外。这并不意味着学习者对这种知识有同样的理解。真正的理解只能发生在学习者自身基于自己的经验背景下，取决于特定情境下的学习活动过程。建构主义认为，知识不是通过教师传授而直接获得的，而是学习者在一定的情境和社会文化背景下，借助他人（包括教师和学习伙伴）的帮助，利用必要的学习资源，通过意义建构的方式而获得的。

建构主义的学习观认为，学习不是由教师把知识简单地传递给学生，而是学生自己建构知识的过程。学生不是简单被动地接收信息，而是主动地建构知识的意义，这无法由他人代替。一方面学习者使用原有知识建构当前事物的意义，以超越所给的信息；另一方面，被提取利用的原有知识不是从记忆中原封不动地提取，而是得到了重新建构。同时，由于事物存在复杂多样性，每个学习者对事物意义的建构是不一样的，是多元化的。

建构主义学习观还认为，对于客观世界的理解和赋予意义是由每个人自己决定的，学习意义的获得，是每个学习者以自己原有的知识经验为基础，对新信息重新认识和编码，建构自己的理解。人们以自己的经验为基础来建构现实，来解释现实，由于我们的经验以及对经验的信念不同，于是我们对外部世界的理解便不一样。这种学习过程一方面是对新信息的意义的建构，同时又包含对原有经验的改造和重组。建构主义者强调学习者在学习过程中形成的对概念的理解是丰富的、有着经验背景的，从而在面临新的情境时，能够灵活地建构起用于指导活动的图式，并不仅仅是发展和建构起供日后提取以指导活动的图式。任何学科的学习和理解都不是从空白做起，学生的学习会涉及学习者原有的背景知识和认知结构，学习者总是通过自己的经验，包括非正规学习和科学概念学习日常概念，来理解和建构新的知识和信息。学习并不是被动接收信息，而是主动地将新的信息纳入原有图式中来建构意义，是根据学习者的经验背景，对外部信息进行主动的选择、加工和处理，从而形成自己的意义。这种意义是学习者通过新旧知识经验间的反复的、双向的相互作用过程而建构的。因此，学习不是像行为主义所描述的"刺激—反应"那样简单，学习意义的获得，是每个学习者以自己原有的知识经验为基础，对新信息重新认识和编码，建构自己的图式和理解。所以，建构主义者关注如何以原有的经验、心理结构和信念为基础来建构知识。学习者原有的知识经验因为新知识经验的进入而发生调整和改变。建构主义学习观强调学习过程中学生的独特性和自主性，强调学习的社会互动性、情境性，强调通过解决问题来学习，基于问题解决建构知识。

建构主义的教学观强调学习的主动性、社会性和情境性，对学习和教学提出了许多新的见解。他们认为教学要增进学生之间的合作，使学生看到不同的观点。由于事物的意义并非完全独立于我们而存在，而是源于我们的建构，每个人都以自己的方式理解事物的某些方面。因此，合作学习受到建构主义者的广泛重视。学习者以自己的方式建构事物的概念和对于事物的理解，从而不同的人对事物的理解就会不一样，不会有唯一的标准的理解。通过学习者的彼此合作或团队合作，就会使他们对事物的理解更加丰富和全面。在我们的教学实践中，教育者不能无视学生已有的知识经验、学习背景和文化背景，不能简单地对学习者实施知识的"填灌"和机械重复训练，而是应当把学习者原有的知识经验和学习背景作为新知识的生长点，引导学习者从原有的知识经验中，生长新的知识经验。建构主义认为教学不是知识的简单传递和堆积，而是知识的处理、转换和生成。教师也不只是知识的提供者，也不是知识权威的象征，而是应该重视和关注学生自己对各种现象的看法和理解，要更多地倾听学生的意见、看法和理解，注意观察和思考他们的思维路径和想法由来，引导学生丰富或调整自己的理解和解释。教学应在教师指导下以学习者为中心，强调学习者的主体作用和教师的主导作用。教师的作用从传统的传递知识的权威转变为学生学习的促进者、合作者和学生学习的高级伙伴。教师是意义建构的帮助者，而不是知识的提供者和灌输者。学生是学习信息加工的主体，是意义建构的主体，而不是知识的被动接收者和被灌输的对象。

建构主义同时提倡情境性教学与整体性的构架。建构主义认为，学习者的知识是通过意义的建构而获得的，是在一定的情境下，借助他人的协作、交流和帮助、利用必要的信息实现的。理想的学习环境应当包括情境、协作、交流和意义建构四个部分。学习环境中情境的创设要有利于学习者对所学内容的意义建构。在教学设计中，创设情境有利于激活学生的背景知识，有利于意义的建构；协作应该贯穿于整个学习活动过程中。教师与学生之间的协作，学生与学生之间的协作可以促进学习效果；交流是协作过程中最基本的方式或环节，协作学习的过程也就是交流的过程，在这个过程中，每个学习者的想法都为整个学习群体所共享。交流是推进每个学习者的学习进程的重要手段；意义建构是教学活动的最终目标，一切都要围绕这种最终目标来进行。同时，教学应使学习在与现实情境相类似的情境中发生，以解决学生在现实生活中遇到的问题为目标。因此，学习内容和学习活动要选择真实性任务，尽量接近学生的现实生活，教师在教学中不能让学习内容和学习活动远离现实的问题情境。由于具体问题往往都同时与多个概念理论相关，建构主义者主张打破学科界限，强调学科间的交叉。这种教学过程与现实的问题解决过程相类似，所需要的工具、手段和方法隐含于情境当中，教师并不是将提前已准备好的内容教给学生，而是在课堂上展示出与现实中解决问题相类似的探索过程，提供解决问题的原型，并指导学生的探索。主张既要提供建构理解所需的基础，同时又要留给学生广阔的思维空间和建构空间，让他们针对具体情境采用适当的策略。

在教学的设计上，建构主义者认为，如果教学脱离情境，就不应遵循从简单到复杂的教学程序，而是要给学生直接呈现整体性的任务，让学生尝试进行问题的解决，在这个过程中要求学生自己能够发现完成整体任务所须完成的子任务，以及完成各级任务所需的各级知识技能。教学活动中，因为知识是由围绕着关键概念的网络结构所组成，它包括事实、概念、概括化以及有关的价值、意向、过程知识、条件知识等，所以不一定要组成严格的直线型层级。学生可以从知识结构网络的任何部分进入或开始学习。教师既可以从要求学生解决一个实际问题开始教学，也可以从形成一个概念开始，还可以从一个质疑开始。在教学中，首先选择与学生生活背景和经验密切的问题，同时给学生提供用于更好地理解和解决问题的工具。随后让学生单个地或在小组中进行探索，寻求和发现解决问题所需的基本知识和基本技能，在掌握这些知识技能的基础上，使问题得以解决。

建构主义者在综合并吸收认知信息加工学说、维果斯基、皮亚杰、布鲁纳等思想的基础上形成了许多富有创见、极有影响力的教学思想，对当前教育实践有着深远的影响和深刻的启示，从建构主义知识观出发，每个人对知识的构建的理解是不同的，知识是个体对现实的理解和假设，受特定经验和文化影响。教师应重视学生学习的个性化特点，要能够因材施教，营造适合学生个性化学习的环境和空间，让每个学生能按照自己的图式建构新知识。从教学角度看，建构主义认为学习是一个能动的过程，在这个过程中，学生主动探索、不断变革，从而建构对客体意义理解。因此，教学应注意学生学习的有意义建构，启发学生自主建构知识结构。从学习者角度出发，建构主义认为在教学中应充分发挥学生主体地位，强调学生的自主性和能动性，在学习中主动发现问题、分析问题和解决问题。建构主义的教学方法有很多类型，抛锚式教学就是其中的一种主要模型。抛锚式教学要求学生在真实的或者类似于真实的情境中探究事件真相、自主或合作解决问题、构建意义。这些真实事件或问题被称为"锚"，一旦这类事件或问题被确定了，整个教学内容和教学进程也就确定了，因此这种教学方法称为"抛锚式"教学。它有两条重要的设计原则，一是学习与教学活动应围绕"锚"来设计，所谓"锚"应该是某种类型的个案或问题情境；二是课程的设计应允许学习者对教学内容进行探索。抛锚式教学通常有以下几个环节：一是创设情境。根据学生的发展需求，提供与学生生活背景和知识背景有密切联系的、与真实情况基本一致或类似的情境。二是抛锚。从情境中选择出与当前学习主题密切相关的真实事件或问题，即"抛锚"。不过，虽然抛锚式教学以专门的锚作为支持物以启动教学，但同时它鼓励学生自己生成学习项目。三是主动学习。要求学生自主独立地解决问题，包括选择多种可能的解决方案、确定完成每项方案所必需子目标、识别和筛选相关资料、对多种解决方案进行评估等。教师的任务是对学生提供帮助，向学生提供解决该问题的有关线索、思路和工具。四是协作学习。在这种情境教学中，要解决的问题可能会存在多种可能的解决方案。这就要求学习者之间合作协商，通过不同观点之间的讨论与交流，让学生主动、深入地探索解决此问题的多种途径和可能性。五是效果评价。抛锚式教学的基本目的不是提高学生的测试分数而是过程性考察，评估的关键在于考察学生解决问题的能力，包括学生是否能够下定义，是否生成解决问题所必需的目标，以及在此过程中能否与他人有效地交流沟通，是否积极地参与协作和准确明晰地表述自己的观点。因此，教师需要在教学过程中随时观察并记录学生的表现，并引导学生进行自我评价和相互评价。

四、英语学习活动观的内涵与意义

英语学习活动观是指学生在主题意义引领下，通过学习理解、应用实践、迁移创新等一系列体现综合性、关联性和实践性等特点的英语学习活动。在基础教育阶段，要在教学实践中贯彻落实英语学科核心素养，课堂是主阵地，英语学习活动观是保障英语学科核心素养落地的重要途径。《标准》倡导目标指向学科核心素养发展的英语学习活动观，倡导和强调自主学习、合作学习、探究学习等学习方式，并强调基于英语学习活动观和自主、合作、探究为主的学习方式构建英语课堂教学模式。在英语教学中，教师应结合学生学习现状、知识背景、个性特点等设计具有综合性、关联性和实践性特点的英语学习活动，以活动为主线使学生通过学习理解、应用实践和迁移创新等一系列融语言、文化、思维为一体的活动，获取语篇信息，明了作者意图，阐释和评判语篇意义，表达学生个人观点、意图以及情感态度，比较分析中外文化异同，拓展国际视野，发展多元思维，提高英语学习能力和运用英语语言的能力。《标准》同时指出，英语学习活动观是贯彻落实英语学科核心素养，改变学生学习方式，提升英语课堂教学效果，实现学科育人的重要举措和有效途径。当前课程改革不断深化，英语学科更是处在这场改革的最前沿，承担着自己的责任和使命。中学英语课程应以《标准》为依据，实现学科育人，完成立德树人的伟大历史使命。为此，我们广大英语教师应深入理解英语课程改革和学科核心素养的内涵，探究和实验如何在课堂中落实英语学习活动观，培养学生的英语学科核心素养。

英语学习活动观强调主题意义引领，强调通过学习理解、应用实践、迁移创新等学习活动达成学习目标，它体现了综合性、关联性和实践性等特点，使学生基于已有的知识，依托不同类型的语篇，在分析问题和解决问题的过程中，促进自身语言知识的学习和语言技能的发展，促进文化内涵理解和多元思维发展，促进价值取向判断和学习策略运用。在这一过程中，既实现了语言知识与语言技能的整合发展，也能够使学生的文化意识不断增强、思维品质不断提升、学习能力不断提高。英语学习活动观在指向学科核心素养发展的同时，特别强调了在课程体系中主题意义的引领作用和课程内容的整合性学习，体现了学习的认知层次，即从学习理解、应用实践到迁移创新，也体现了学习活动的本质特征。这三个层次的活动从基于文本的信息输入，到深入文本的初级输出，最后到超越文本的高级输出，以此逻辑进行的发展、提升就能够达成基于内容、聚焦文化、学习语言、发展思维的学习目的，从而落实英语学科核心素养。英语学习活动观的提出为落实课程总目标、整合课程内容、实施深度教学提供了保障，也为改变学生的学习方式、改变教与学的模式、提升英语教学的效果提供了可操作的途径。《标准》同时提出了构建与课程目标一致的课程内容和教学方式，提出了由主题语境、语篇类型、语言知识、文化知识、语言技能和学习策略等六要素构成的课程内容。指向学生学科核心素养发展的英语教学应以主题意义为引领，以语篇为依托，整合语言知识、文化知识、语言技能和学习策略等学习内容，创设具有综合性、关联性和实践性的英语学习活动，引导学生采用自主、合作的学习方式，参与主题意义的探究活动，并从中学习语言知识，发展语言技能，汲取文化营养，促进多元思维，塑造良好品格，优化学习策略，提高学习效率，确保语言能力、文化意识、思维品质和学习能力的同步提升。主题语境涵盖人与自我、人与社会和人与自然，涉及人文社会科学和自然科学领域等内容，为学科育人提供了话语和语境。课程内容的六个要素是一个相互关联的有机整体，所有的语言学习活动都应该是学生围绕某一具体的主题语境，基于不同类型的语篇，在发现问题、分析问题和解决问题的过程中，运用语言技能获取、梳理、整合语言知识和文化知识，深化对语言的理解，重视对语篇的赏析，比较和探究文化内涵，汲取文化精华；与此同时，尝试运用所学语言创造性地表达个人意图、观点和态度，并通过运用各种学习策略，提高理解和表达的效果。

《标准》明确指出基础教育英语课程要把对主题意义的探究作为教师教学和学生学习的核心任务，并以此整合学习内容，促进学生语言能力，文化意识，思维品质和学习能力的融合发展。主题语境规约着在哪些范围内学习语言知识和文化知识，也为语言学习提供意义语境，并在主题语境中渗透着情感、态度和价值观教育。我们教育工作者要认识到，学生对主题语境和语篇理解的程度和深度，直接影响着学生的语言学习成效，也影响着学生的思维发展水平。在以主题意义为引领的课堂上，英语教师要通过创设与主题意义密切相关的情境，挖掘主题所包含的文化信息，努力挖掘发展学生思维品质的元素和关键点，以解决问题为目的，整合语言知识和语言技能的学习，将特定主题与学生的生活和背景联系起来，营造学习环境和学习空间，激励学生学习和运用语言，通过自主、合作，探究语言知识、语言意义和语言文化内涵，通过对学生间不同观点的讨论，提高学生的鉴赏能力；同时，通过跨文化学习，比较中外文化，发展学生多元文化视角，发展学生的逻辑思维和批判性思维。英语教师在主题探究活动的设计上，要注意激发学生主动参与活动的兴趣和积极性，调动学生已有的基于该主题的背景知识和经验，帮助提升学生语言理解和表达的能力，推动学生深度学习，帮助他们形成新概念，丰富人生阅历和发展思维方式，树立正确的世界观、人生观和价值观。王蔷（2015）指出，在以英语学习活动观为引领的英语课堂教学模式中，学生要以主题意义探究为学习目的，以语篇为载体，在理解和表达的语言实践活动中，通过感知、预测、获取、分析、概括、比较、评价、创新等思维活动，融合知识学习和技能发展，构建结构化知识，在基于问题的学习过程中发展思维品质，形成文化理解，塑造学生正确的人生观和价值观，促进学生英语学科核心素养的形成和发展。《标准》要求在英语教学中要实践英语学习活动观，明确活动是英语学习的基本形式，是学习者学习和尝试运用语言理解与表达意义，培养文化意识，发展多元思维，形成学习能力的主要途径。我们英语教师应从英语学习活动观的角度重新审视自己的英语教学方向和教学理念，审视自己的教学方式和教学行为，审视自己课堂教学设计的合理性和有效性，整合课程内容，优化教学方式，为学生设计有层次、有情境、有趣味、有实际效果的英语学习活动。英语教学中学生开展的所有学习活动的设计都应以促进学生英语学科核心素养发展为目标，围绕主题语境，基于语篇，通过学习理解、应用实践、迁移创新等层层递进的语言、思维、文化相互融合相互渗透的学习活动，引导学生加深对主题意义的理解，帮助学生在语言实践活动中习得语言知识、运用语言技能，阐释文化内涵，比较文化异同，评析语篇意义，形成正确的价值观念和积极的情感态度，尝试在新的语境中运用所学语言和文化知识，分析问题、解决问题，创造性地表达个人观点、情感和态度。

学习理解类活动主要包括感知、体验与注意、获取与梳理、概括与整合等基于语篇的学习活动。例如：教师围绕主题意义创设语言情境和生活情境，激活学生原有的图式，给学生提供必要的语言和文化背景知识，引出要完成的学习任务和要解决的问题。以此为基础，以问题解决为目的，鼓励学生通过梳理、概括、整合信息，建立信息间的关联，形成新的知识结构，从语篇中获得新知识。在这个过程中，学生感知并理解语言所表达的意义和语篇所承载的文化价值取向。应用实践类活动主要包括描述与阐释、分析与判断、内化与运用等深入语篇的学习活动，即在学习理解类活动的基础上，教师引导学生围绕主题意义和所形成的新的知识结构开展描述、阐释、分析、判断等交流活动，逐步实现对语言知识和文化知识的内化，进一步巩固新的知识结构，形成新的图式，在层层深入中帮助学生将知识转化为能力。

迁移创新类活动主要包括论证与推理、评价与批判、想象与创造等超越语篇的学习活动，它是教学结果的升华和归宿。

在这个过程中，教师引导学生针对语篇背后的价值取向或作者态度进行推理与论证，赏析语篇的文体特征与修辞手法，探讨其与主题意义的关联，评价作者的观点等，从而加深对主题意义的理解和领悟，使学生在新的语境中，基于新的知识结构，通过自主、合作、探究的学习方式，综合运用语言技能，进行多元思维，创造性地解决新情境中的问题，合理恰当的表达观点、情感和态度，体现正确的价值观，促进学习能力向核心素养的转化。

在英语学科教学中，如何建立学生的学习自信，如何进行学科思想、学科思维的培养以及如何实现知识和观点的展示交流和分享，这一切都要通过英语学习活动来实现而不是教师的讲授所能实现的。讲授能解决知识问题，但解决不了能力问题和素养问题。能通过活动的方式解决的问题决不通过讲授讲解来解决。

我们英语教师在设计英语学习活动时要注意以下几个问题：（1）情境创设要尽量真实，尽量接近学生生活实际，尽量接近学生的知识背景，情境创设要力求简洁、有效、直接。（2）教师要善于充分利用多种资源、工具和手段，例如：会利用思维导图或信息结构图，引导学生完成对信息的获取与梳理、概括与整合、内化与运用，教会学生在新旧知识之间建立联系，归纳和提炼新知识结构。（3）教师要善于提出有层次的问题，引导学生的思维由低到高稳步发展；同时，教师要启发学生积极参与交流讨论和反思，鼓励学生理性地表达个人的情感和观点。（4）在情境创设中，教师还要提示学生有意识地根据语境选择恰当的语言形式，确保交际得体有效，同时考虑地点、场合、交际对象、人物关系和交际目的等。（5）充分考虑学生的需求和需要。教育的第一要义是人道，这体现着服务学生，成就学生的思想。我们的课堂教学和活动的设计不仅是为学生的学会而教，更是为会学而教，为创新和自我构建而教，为理解而教，为学生的需求而教。我们的课堂教学必须理解孩子、理解生命、理解教学，从学生的需要出发，从学生已有的知识背景和经验背景出发，才会有一个正确的起点。

《标准》同时建议要以主题为引领、以活动为重点，整体设计教材单元学习活动，将活动作为课堂教学的基本组织形式和培养学生英语学科核心素养的有效途径。中小学英语教学应从活动观出发，按照内容要求规定的主题语境，设计基本学习单元。以主题为引领，创设有意义的情境，依托多种题材和类型的语篇，使学生通过学习理解、应用实践、迁移创新等活动，学习语言知识和文化知识，发展语言技能，运用学习策略。主题语境、语篇类型、语言知识、文化知识、语言技能和学习策略这六个要素相互关联、整合互动，共同促进英语学科核心素养的形成和发展。

设计学习活动时还需要考虑以下因素：

学生主体。学习的主体是学生，设计学习活动时要考虑和分析学生原有认知水平、学习风格、个性特征等，这是设计学习活动的出发点，也体现了以学生为中心的教育教学理念。

活动内容。活动内容是学习的媒介，教师要在教学准备工作中对活动内容进行认真的选择和组织，教材是活动内容一个非常重要的来源。教师应熟悉教材体系结构和教材内容，为学生学习活动任务的设计挖掘和提供资源。

活动任务。问题和活动任务是学习活动设计的核心，它体现了学习活动的目标与内容。活动任务决定了学生的学习方式，也决定了教师的教学模式。

活动流程。活动的开展需要一定的流程或程序以确保活动的顺利开展和任务的完成。

活动组织。教师要确定学生的活动形式，活动的时间和空间以及活动座位的安排。

活动成果。学习活动结束后要对学习活动的成果进行考量，对活动效果进行检测，成果质量直接反映了学习活动的质量。

除此之外，在学习活动中要为学生学会学习创造条件，重视培养学生的学习能力。基础教育阶段是学生学习能力发展的黄金时期，教师要把培养和发展学生的学习能力作为教学的重要目标。帮助学生在英语学习的过程中，学会如何进行自我选择、自我评判和监控，在学习实践中培养学生自主学习、合作学习和探究式学习的能力。自主学习、合作学习和探究式学习是我国近些年发展起来的重要学习理念和学习方式，它们既是学习手段，也是学习目的之一。自主学习关注学习者主动、积极的学习动机和自觉、持续的行为能力；合作学习关注学习者与人协商沟通、建立良好的合作关系、合作完成学习任务的能力；探究式学习注重对思维的品质以及对学习过程和概念的探究与发现，是获得结构化知识，发展分析问题和解决问题能力的重要途径。自主、合作、探究式学习对激发学生的学习兴趣，提高学生的参与度，促进师生间、学生间的交流具有重要作用，而学生能否有效地开展自主、合作与探究式学习是衡量他们学习能力发展水平的重要指标。

为培养学生自主、合作、探究的学习能力，教师要为学生创设支持和激励的学习环境，在教学中关注学生是否在合作学习中增强了个体的责任感，是否实现了相互学习、相互促进，是否通过合理分工促进了学生独立思考，是否改善了人际关系、提高了人际交往能力，在组织学生开展探究式学习时，要注意内容是否与学生的兴趣和知识基础相符，要关注学生的探究过程，关注学生的结构知识是否形成或得到发展，促使学生在活动中以合作和探究的方式，获得知识、丰富经验、发展技能、提高能力、养成健康人格、强调学生之间的相互促进和共同提高。

同时，在学生的学习活动实践中，我们还要正确认识和处理好课标、教材资源、学生这三者之间的关系。我们知道，课标是教学的标准和依据，引领着我们的教学思想和方向，也指导着我们的教学实践和教学行为；教材资源只是实现课标的范例；学生是课标和教材的载体。课标和教材要通过学生而显现和发挥作用。在现实教学中，很大程度上存在着轻视课标、脱离学生实际的现象，把范例（也就是教材）扩大化、唯一化。我国著名学者鲁洁认为，教科书的功能是激活学生自己的思想，得出自己的结论，它是学生学习人类文化的一根拐杖，是实现调动学生心理活动、思想活动，促进学生进行自我建构的一个手段，并不是让学生在头脑中去"复制"教科书所呈现的一切。课堂教学如果脱离了学生这个学习主体，课标和教材也就变得没有意义。在教学中不要被教材和资料专业所捆绑，要树立教学生而不是教教材的思想，充分整合教材资源，找出适合学生认知水平的最优化方案，对教学的诸多元素赋予情感和生活气息，赋予促进个性发展的学习环境和学习平台，在潜移默化中对学生渗透情感的关注、人文的关怀、个性的发展。特别是在教学中不要在挖掘拓展的名义下，把简单的问题复杂化、重复化。其实，教学的本真往往是把复杂的问题简单化。

五、基于英语学习活动观的学生学习活动模式

教学模式是在一定的教育思想、教学理论和学习理论指导下，在某种学习环境和资源的支持下建立起来的、稳定的教学活动进程结构框架和活动程序。作为结构框架，突出了教学模式从宏观上把握教学活动整体及各要素之间内部的关系和功能，作为活动程序，则突出了教学模式的有序性和可操作性。教学模式是对教学的基本规范，是课堂教学的初始要求。基于英语学习活动观的学生学习活动模式主要有归纳思维模式、角色扮演学习模式、合作学习模式、探究式教学模式、非指导性教学模式等。

（一）归纳思维模式

杰克·威尔逊是一位低年级教师。有段时间他在日常阅读

教学中，发现他班上的学生进步很快。这一时期他在研究词汇学习策略，研究学生如何才能较快地掌握词汇。他发现当学生识别出的单词都是包含在听说词汇表中时，他们就能够掌握得很好。例如，当学生遇到 office 这个词时他们就可以记得很好，而 postoffice 这个单词就难住了他们。因此，他发现并且认为学生在词法结构上存在障碍，学生不知道不同的前缀和后缀加上词根会形成意义不同的新单词，所以他设计了基于归纳思维活动的系列课程。杰克准备了写有单词的卡片，挑选了一些带有特殊前缀和后缀的单词，并有意把词根相同但前后缀不同的单词卡片放在一起。杰克使用这些卡片作为基本资料设计了一系列的学习活动。下面是其中的一些单词：

write　　rewrite　　heat　　reheat　　tell　　retell

set　　　reset　　　play　　replay　　move　　remove

杰克在学生到校时发给每个学生几张卡片，并保留了剩余的卡片，他打算逐渐增加学生的信息量。他让每个学生读其中一张卡片上的单词，并对这个单词予以描述，其他同学可以进行补充。这样，单词的结构性特征很快就引起了学生的注意。经过学生讨论，在学生熟悉了单词的分类之后，杰克又让学生给单词分组。学生们反复地看单词以便归纳出它们的共同特征。开始，学生们分出的卡片组仅反映首字母或单词的含义，逐渐地，他们注意到了前缀以及拼写规则，并在词典中查找前缀的意义，懂得了如何通过增添词缀来影响词根的意义。

在学生们完成对单词的分类后，杰克让他们指出这些卡片的共同特征。逐渐地他们能够辨认出主要的前缀和后缀并指出它们的意思。接着杰克给学生们一些句子，句子中使用的新单词有卡片上学过的前后缀，但这些单词他们的卡片组上没有。杰克让学生们运用他们已经形成的概念去推导出这些新单词的意思。通过选择不同的单词资料，杰克引导学生们掌握了他们需要攻克的生词的辅音和元音及结构，并使学生获得更透彻的理解，从而形成了他们运用新方法攻克生词的能力。

杰克的这个案例展示了归纳性思维和教学工作中的归纳教学模式。人们总是通过不断地对周围的事物进行比较而后形成自己的概念。而学生是天生的概念生成者。我们可以通过营造学习环境、给学生设计任务来使他们形成概念，并促进学生有意识地提高自身形成概念的能力。随着学生越来越熟练地使用归纳性学习方法，我们也要不断地为学生设计更适合的环境和任务。首先是聚焦，要帮助学生专注于一个熟知的范围，让他们充分发挥能力，形成自己的观点。我们向学生提供数据资料，然后让他们研究事物的特征。其次是概念控制，老师要帮助学生形成特定范围内的概念掌握能力。最后是把概念理解转化为技能。归纳思维模式能够使学生自主地收集信息并进行细致的观察，再整合信息形成概念，最后学会处理这些概念。应用这一策略可以有效地提高学生形成概念的能力。

案例 1. 写作中的副词归纳练习

学生看了电影《走出非洲》之后，教师要求他们就电影的场景造句，每一句都必须使用副词开头。（因为他们正在学习副词的用法。）要求学生以下列方式开始造句（为了突出句首的副词用法，省略了句子其余部分）：

1. Quietly listening they were engulfed by the tale...

2. With awe and a certain wonderment...

3. Intently listening to one another's word...

4. . Instinctively she took his cue...

5. Suspended by the delicate thread of her tale...

6. Boldly she drew them into the fabric of her story.

7. Softly, slowly, but glowing like the candles about them, they negotiated...

8. Playfully at first, but with growing intensity...

9. Effortlessly her practiced mind...

10. Profoundly looking into one another's eyes...

11. Intently listening to one another's word...

12. Wonderingly and as if by magic the love began to follow...

13. Skillfully she met the challenge...

14. Boldly they teased one another with their mutual love of language...

15. Awkwardly, like children just learning to walk...

16. With heated anticipation, the three formed a web of mystery and emotion...

17. Tentatively, like three spiders caught in the vortex of the same web...

18. Passionately I gazed at my two companions...

19. Anxiously the husband watched as his normally taciturn wife...

20. With relaxed and forthright honesty they shared a port of themselves. . .

当学生们写出这些句子之后，老师让学生们重读这些句子，记住这些句子的特征并且给句子分类，学生们可以独立完成分类，也可以和同伴合作进行分类。完成分类任务后同学之间可以相互交流分类结果，讨论和分享分类时使用的原则和关注的特征。接下来老师给学生布置新的任务，让学生阅读并研究短篇小说，要求学生们把作者使用副词的句子摘录下来，然后分类整理出专业作家常用的副词分类表，要求学生们尝试着在他们自己的写作中学会运用这些副词。该学习模式的各个阶段层层递进，相互依存，智力活动螺旋上升并逐渐复杂。这种归纳学习模式增加了通过语言研究来提高写作技能的可能性。

案例 2. 主题单元开发

一位英语教师收集了一些关于句子句法结构的资料，以便学生们在进行分类时能发现其中的结构特征。其目的在于提高学生学习和应用句子的能力，掌握句法结构，并且明晰句法结构是怎样组织起来表达某种特定含义的。

1. Near the trees, lion cubs scamper in the tall grass.

2. Beside the snow, a hungry mouse burrows deep looking for a dolphin.

3. Between the trees, a small monkey wrestles with its mother.

4. On the surface of the pond, a loon floats peacefully.

5. Hidden under leaves, a spotted frog hides from the sun's brilliant rays.

6. In the cockpit, the pilot carefully checks his instrument panel.

7. Far below the earth's surface, molten lava rumbles and boils.

8. Under the sea, larger sharks circle the school of fish.

9. In the grass, the spider patiently weaves her web.

10. High in the sky, the pone eagle glides gracefully.

11. In the forest, a squirrel leaps from tree to tree.

12. In the space shuttle, the astronauts complete their experiment.

13. In the burrow, the rabbit family nestles together to keep warm.

14. Deep in the forest, a black panther patiently waits to pounce on her prey.

15. In the trees, birds gather to eat berries.

16. In the icy water, a penguin dives and a plashes.

从句子的形式上观察，学生们会发现每个句子都包含有一个关于动作发生地点的介词短语。但老师要求学生建立一个含有这些特征的分类，老师认为，通过这种分类学生们在阅读时就能找出具有特定意义的结构，在写作时也能够掌握"在哪里"这一表达信息的方法。接下来老师将一些不包含表示地点的介词短语的句子和上述句子混在一起呈现给七年级的学生。让学生们观察句子的特征及其所表达的意思。老师要求学生们把注意力集中在句子的详细特征所传达的综合信息上。其实这节课不是"句子结构和意义"的第一课,而是研究"阅读理解和写作表达"主题大单元中的一部分。

布鲁斯·乔伊斯建议在归纳教学中,老师要组建群体放手去练习,通过提供任务和方法,尽力帮助学生学会学习。归纳思维模式设计的目的在于指导学生形成概念、学习概念以及应用概念。它培养学生关注逻辑、关注语言和词义以及关注知识本质的能力。人们有时认为高层次的思维只有到成熟期才会出现,事实上并非如此。各个年龄段的学生都可以通过训练习得方法和经验,能够很好地处理信息。

(二)角色扮演学习模式

在英语语言教学中,角色扮演是创设情境的主要方法和手段,适合学生的学习个性和学习特征,也易于组织和操作。在角色扮演的过程中,学生们通过重现问题和任务情境,对问题和任务情境进行讨论和探究,并学习如何协商、沟通与合作,学习如何处理人与人之间的关系问题。角色扮演作为一种教学模式,具有个人和社会双重价值取向,在个人取向方面,通过角色扮演可以促进个体积极参与,激励个体发挥自身的作用,恰当、得体、理性地表达自己的思想观点和态度,学会展示自己,帮助个体发现自己的价值,并通过社会群体的帮助解决个人的问题和困境。在社会取向方面,它能够使个体凝聚团结起来,发挥团队的力量和作用,利用团队的智慧,通过平等民主协商,通过讨论、妥协达成一致意见,最终解决问题。角色扮演就是先发现问题,确定问题和明确问题,再分角色表演问题，然后分析研究讨论问题，最后达到解决问题的目的。在角色扮演学习模式中，扮演者及观察者都处于一种真实情境中或最大限度地接近真实情境，大家都期盼寻求解决问题的答案和对情境的理解。在角色扮演中，角色扮演是建立在知识背景和生活经验基础上的学习情境，情境中的真实事件是学生们要学习的内容。这种学习情境是老师们设计出的一种与现实生活中真实的问题情境相类似的模式。通过再创造活动，学生可以在体验、感受和参与中学会生活，并学到真实的、典型的情感反应及行为方式。同时，角色扮演在促进学生心智发展的同时，也能促进学生的情感发展和道德发展。作为老师，我们需要关注学生的情感特征和发展过程，引导学生对自身情感的认知和理解，使学生懂得自己的情感是如何影响行为的。另外，研究认为，情感和思维能由群体产生并融合到意识之中，同伴群体的机体反应能够产生新的思想，并为学生的发展和变化提供指导，这种模式不是强调教师的传统角色，而是鼓励学生从同伴那里获得信息。社会型教学模式的研究者沙夫特（1967）认为，角色扮演活动可以分为九个阶段（见表1）。

表 1　角色扮演活动的结构

阶　段	活动内容
第一阶段：小组准备活动	确定问题并进入情境；明确问题；讲解问题，探究事件；解释角色扮演。
第二阶段：挑选扮演者	分析角色；选择角色扮演者。
第三阶段：安排场景	确定表演程序；重述角色；进入问题情境。
第四阶段：组织观众	确定观察任务；分配观察任务。
第五阶段：表演	开始表演。
第六阶段：讨论和评价	评论角色扮演；讨论要点；决定新的表演。
第七阶段：重新表演	表演修改过的角色；提出下一步或行为转变的建议。
第八阶段：讨论和评价	评论角色扮演；讨论要点；决定新的表演。
第九阶段：分享经验和总结	把问题情境以及现实经验和当前问题联系起来，探究行为的一般原则。

（三）合作学习模式

1. 合作学习的基本含义

合作学习的开发和研究已经几十年了，合作学习的教学实践已经遍及世界许多国家和地区。但国内外对合作学习的认识和实践还有着差异，目前国内外的学术界对合作学习还没有一个统一认识。综观世界各国的合作学习研究与实践，我国学者（刘玉静、高艳，2011）认为，合作学习是以学习小组为基本形式，系统利用教学动态因素之间的互动来促进学习，以团体成绩为评价标准，共同达成教学目标的活动。合作学习的内涵有以下几个方面。首先，合作学习是以学习小组为基本形式的一种学习活动。它的最大特点和最根本特色在于小组学习活动的科学组织和展开。合作学习是在班级教学的框架下力求采用异质小组分组方法（有时也采用同质小组）来组织活动。其次，合作学习是以教师群体和学生群体的教学动态因素的互动合作为动力资源的一种学习活动。再次，合作学习是一种目标导向的学习活动。所有的合作学习活动都是围绕着达成特定的共同目标而展开的。小组学习目标的设计、确定和管理是合作学习中要遵循的一些非常重要的环节。最后，合作学习是以团体共同进步、以团体成绩为奖励依据的一种学习活动。合作学习通常不以个人的成绩作为评价的依据，而是以各个小组在达成目标过程中的总体成绩作为评价和奖励的标准。这种机制可以把个人之间的竞争转化为小组之间的竞争，从而促使小组内部的团结与合作、协商与交流，发挥团体的智慧和能力。也使学生在各自的小组中能充分发挥自己的作用，得到最大限度的发展。

合作学习是以现代心理学、认知心理学、教学社会学、现代教育教学技术学等为理论基础，以目标设计为先导，以全员互动合作为基本动力，以开发和利用课堂中人的关系为重点，以小组活动为基本教学和学习形式，以团队成绩为评价标准，以标准参照评价为基本手段，以全面提高学生的学业成绩和改善班级内的社会心理气氛、形成学生良好的心理品质和社会技能为根本目标，以高效、愉快为基本品质的一系列学习活动的统一。

2. 合作学习的理论基础

（1）群体动力理论

20 世纪 40 年代末道奇提出了合作与竞争的理论。根据道奇的定义，以合作为背景的社会环境下，群体内的个体相互依赖，相互促进，个体目标、他人目标和群体目标紧密相关，一方目标的实现有助于另一方目标的实现。而在竞争性的社会情境下，群体内个体目标则体现为排斥性相互依赖，虽然个体目标之间联系紧密，但是这是一种消极的相互关系，一方目标的实现意味着另一方目标不能实现。实验研究结果表明：在合作性群体中，个体间能够相互激励，相互体谅，互相帮助，个体间能够顺畅地进行沟通和信息交流，合作性群体的工作效率明显高于非合作性群体。

道奇的学生戴卫·约翰逊和他的兄弟荣·约翰逊在道奇的研究基础上将道奇的理论拓展为"社会互赖理论"。社会互赖理论认为，社会互赖的结构方式决定着个体的互动方式，也决定着活动结构。积极互赖（合作）学习环境下个体之间会相互鼓励和促进彼此的学习。消极互赖（竞争）学习环境下个体之间会相互妨碍，影响彼此达成学习目标的努力。根据此假设，约翰逊兄弟认为课堂中存在着合作、竞争和个体独立学习三种目标结构，并由此构成三种不同的教学与学习情境。在合作的目标结构下，个人目标的实现取决于群体其他成员的目标实现，个人目标与群体目标相一致、相互联系；在竞争的目标结构下，如果某个体成员实现了自己的目标，就意味着其他成员就不能实现自己的目标，这样，个体目标的实现与群体是相互竞争的关系；在个人单干的目标结构下，个体的目标利益与他人没有关系，个体目标的实现不影响他人目标的实现。一般来说，每一种目标结构都有其存在的合理性。在理想的课堂情境中，所有的学生都应能学会如何与他人合作，自主地进行自己的学习。自主学习是源于自我目标、自我价值的驱动而展开的，自主学习者的学习方法是有计划的或者达到了熟练自动化的程度，他们对学习结果有较强的自我意识，能对自己的学习结果做出比较准确的判断和评价。当自主学习发展到高级阶段后，自主学习者会对群体内的合作有新的认识，能积极向老师或同学请教。教师要能科学地决定每一节课要采取什么样的目标结构。当我们希望学生彼此团结，民主、平等、协商交流，更加自尊自爱，并能学会更多的社会技能时，运用合作学习是最好的选择。现代教育倡导学生之间的合作，合作学习应当成为现代课堂教学的主流。

（2）选择理论

美国哥拉斯博士于 1996 年提出选择理论。他认为我们都被归属的需要、力量的需要、自由的需要和快乐的需要这四种心理需要所驱使。哥拉斯博士在《课堂中的控制论》一书中指出，利用归属、影响力和乐趣能够激发学生们去挖掘自身的潜力，维持学习的兴趣。美国著名教育家约翰·杜威认为，学习应该与学生的需要和兴趣相联系，教育应该包括学会尊重他人和理解他人，学会和别人一起工作。选择理论认为，学校是满足学生需要的重要场所。只有创造条件满足学生对自尊和归属感的需要，他们才会感到学习是有意义的，才会愿意学习，才有可能取得学业上的成功。学生到学校学习和生活，主要的需要就是自尊和归属感等。

（3）发展理论

发展理论认为，儿童对重要概念的掌握往往是围绕着适宜的任务在相互作用下实现的，儿童的认知发展和社会性发展也是通过同伴的相互作用和交往发展起来的。苏联著名心理学家维果茨基（1978）将儿童的最近发展区界定为由独立解决问题所决定的实际发展水平与通过成人的指导或与能力更强的伙伴合作解决问题所确定的潜在发展水平之间的距离。维果茨基指出，教学的最重要特征是教学创造着最近发展区这一事实，也就是教学引起与推动儿童一系列内部的发展过程，这些内部的发展过程，现在对儿童来说，只有在与周围人的相互关系以及与同伴们的共同活动的范围内才是可能的，但是由于经过了内部发展进程后才成为儿童自身的内部财富。教学创造着最近发展区不仅体现在教学之中，而且体现在与较强同伴的合作之中。通过小组内的协调、磋商、讨论和交流等方式，小组达成某个问题的共同意见与解决办法。维果茨基对最近发展区的定义使后来的学者们从两个方面探讨同伴交往的认知功能。一是同伴互教，即由更有能力的同学充当导生的角色；二是同伴协作，即同学之间平等地进行交流，开展协作。

3. 合作学习的基本理念

世界各国的合作学习理论与实践虽然有差异，但有着共同的教学理念。合作学习的基本理念有以下几个方面。

（1）互动观

合作学习把教学动态因素之间的相互作用作为学生学习的主要手段和途径，这种相互作用不仅仅局限于师生之间，而是特别突出了生生互动，合作学习的生生互动充分调动了学习中的人的主观能动性，充分开发和利用了教学中的人力资源，合作学习中的生生互动为教学开辟了新的路径、注入了新的活力，这对于我们正确认识教学的特征和本质，减轻教师的教学负担和学生的学习负担，提高学生学习的主动性和参与度，改变教学方式，提高教学效率，具有重要的指导意义。大量研究证明，合作学习的互动观是对现代教学互动理论的发展。

（2）目标观

合作学习是一种目标导向活动。较之传统教学理论，合作学习更具人际情感色彩。合作学习强调动态因素之间的合作性互动，在交流分享和相互启发帮助中提高学生的学业成绩，同时培养学生良好的人际交往技能和情感态度价值观等非认知品质。合作学习在突出达成情感领域的教学目标的同时，也非常重视其他教学目标的达成。合作学习认为，学习是满足个体内部需要的过程。基于这种认识，合作学习将教学建立在满足学生心理需要的基础之上，使教学活动带有浓厚的感情色彩。从合作学习的整个过程看，在各个环节之中都渗透着情意色彩。尤其是在小组合作活动中，小组成员之间平等交流，彼此分享，讨论协商，尽其所能互教互学，促进共同提高成长，营造着既充满温情和友爱，又像课外活动那样充满互助与竞赛的学习环境。在这个学习过程中既达成了满足的需要，又实现了归属感的需要。在小组中，每个人都有大量的机会发表自己的观点与看法，也要学会倾听他人的意见，形成良好的人际沟通交往能力，实现认知、情感与技能教学目标的达成。合作学习在使学生获得认知发展的同时，还使学生融合知、情、意、行于一体，兼顾多种教学目标的协同达成。

（3）情境观

合作学习的倡导者认为，在合作、竞争和个人三种情境中，合作学习是三种学习情境中最重要的一种。在竞争性情境中个人目标的实现和同伴目标的实现是排斥的，即别人的成功就意味着自己的失败；在个体性情境中学生们各自努力实现自己的目标，大家都是独立学习、相安无事，互不关心；在合作性情境中个人目标与集体目标相一致，个人和小组团体之间相互依赖、荣辱与共。合作学习的理论提倡合作性情境，鼓励学生学会与他人合作共赢，为趣味和快乐而竞争。

（4）评价观

传统的教学评价方式是分数排名，班级中只有少数学生能拿到高分，大多数学生注定是失败者。合作学习把"不求人人成功，但求人人进步"作为教学所追求的境界和一种目标，也作为教学评价的最终目标和尺度，将常模参照改为标准参照评价，把个人之间的竞争变为小组之间的竞争，把个人计分改为小组计分，把小组总体成绩作为奖励或认可的依据，使得整个评价的重心由鼓励个人竞争达标转向大家合作达标。特别是"基础分"和"提高分"的引入可以说是合作学习评价的一个非常显著的特色和创新。

由于合作、竞争和个体化等学习方式对学生的学习和发展各有独特的作用，在教学中我们应尽力实现三者的整合（伍新春、管琳，2010）。在实际教学中，我们整合使用合作、竞争和个体化学习，使得它们不仅在形式上或时间上互相配合，而且在功能上互相补充，最大限度地促进学习效果的提高。

总之，近几十年来，人们高度关注合作学习模式的研究。一些教育工作者也在自己的教学中实践着合作学习模式。比起个体化充满竞争的环境，学生在合作型的学习环境中会张扬个性、放飞想象、激活思维，从而产生更强烈的动机合力。实际上，凝聚力强的团体运转，比同等数量的个体能达到更高的工作效率。群体内相互依赖的情感使群体内成员发挥出更大的潜力，具有更大的活力。合作小组的成员可以互相学习，互相激励，同时合作行为增加了成员之间的积极情感，有利于建立稳定良好的人际关系，并培养对他人的积极态度。合作增强了学生的自信和自尊，在合作学习环境中，团体成员不仅能够提高成绩，而且能够得到同伴的尊重和关注。在合作学习中，学生的创造性思维和创造能力会发展得更快，学生们的各项技能也发展得更好。

（四）探究式教学模式

美国芝加哥大学的施瓦布教授提出了探究式教学模式。他认为学生学习的过程应该像"科学家"一样，主动地去发现问题、分析问题和解决问题，在探究的过程中获取知识、发展技能、培养能力、发展个性。探究式教学模式是让学生在教师的组织和引导下，在个体自主学习的基础上，以探究和合作为主要学习形式，充分挖掘学生的学习潜能，在解决问题的过程中，发展思维品质，培养科学探究方法和科学精神。探究性教学模式要求学生通过自主、合作、探究的学习方式，对所学习内容能够运用一定的学习策略来进行自主学习、深入研究探讨并进行小组合作交流与分享，从而较好地实现学习目标。其中认知目标涉及与学科相关知识、概念、原理与能力的掌握；情感目标则涉及思想感情、道德品质和价值观的培养。探究式教学模式一般都是基于问题和任务展开实施的。学生通过探究活动获得新知识并培养学习能力，其宗旨是培养创造性人才；在教学组织上，应通过分组教学和个别教学做到因材施教，发展学生的个性；在课程结构上，强调学习内容的整合以及学科之间的综合；在教学方法上，主张强调使用研究法，发现法等教学方法，重视多种教学方法的优化组合，重视合作和探究；重视过程性评价和形成性评价。

1. 基于问题的探究式教学模式的教学原则

（1）主体性原则：我们的教学应该遵循教学的本质，从学生主体出发，一切为了学生，为了学生的一切。让学生真正地成为学习的主人。一切教学或学习环境的构建、教学方式的选择和资源的利用都要围绕学生的发展并通过学生而展现出来。

（2）民主性原则：教学的民主性原则是指教师在教学活动中要着力创设和营造一个师生双向互动，并在心理自由与心理安全的状态下发展思维能力的教与学的环境。在教学中，教师要以民主的方式为学生创造条件，营造宽松和谐、民主的课堂氛围，以利于学生个性发展、有助于培养学生的探索精神，有助于形成师生之间、学生之间平等、民主及合作的意识。

（3）自主性原则：在整个教学过程中，教师要充分相信学生，发挥学生的学习积极性和主观能动性，调动学生的学习热情，让学生独立自主地去活动，使学生真正成为学习主体。同时要为学生营造自主学习的氛围、环境和空间，要拓展学生思维活动及个性发展的空间。教师尽可能地创造条件和机会，让学生去自主地、自由地开展学习活动。

（4）差异性原则：关注学生的个性发展，承认学生的个体差异，注重分层教学和个别指导，在教学实践中因材施教。

（5）创造性原则：注重学生迁移创造能力的培养，充分发掘学生的天资和潜能，激发学生创造性思维的发展。

（6）发展性原则：苏联心理学家维果茨基的最近发展区认为，学生的发展有两种水平，一种是学生的现有水平，指独立活动时所能达到的解决问题的水平；另一种是学生的可能发展水平，也就是通过教学所获得的潜力，两者之间的差异就是最近发展区。我们的教学应着眼于学生的最近发展区，为学生提供恰当的学习内容，调动学生的积极性，发挥其潜能。维果茨基认为儿童在自己发展的现阶段还不能独立解答的任务，可以在与其他人的合作中得到解决。

2. 基于问题的探究式教学模式的构建

基于问题的探究式教学模式围绕问题与任务，学生基于自主学习和同伴合作，积极探究。学生在问题与任务的驱动下通过自己观察、思考获取信息，梳理信息，构建知识框架并迁移创造；教师的作用是依据教育教学目标，设计适合学生实际的问题与任务，为学生营造探究学习的学习环境和空间，激发学生的学习热情，充分调动学生学习的积极性，使学生通过独立思考、参与体验获取信息，发展个性。在构建基于问题的探究式教学模式时，一是要分析学生。充分了解学生的特点和特征，并进行有针对性的教学设计。充分考虑学生的知识基础、操作能力和认知结构等智力因素特征以及兴趣、动机、情感、意志和性格、态度和价值观等非智力因素特征。对于学习者的分析，主要目的是设计适合学生学习能力与知识背景以及生活经验的学习问题和任务，设计适合学生个性的问题与任务并对学生提供帮助和指导。二是分析教学目标。教师备课时要在尊重学习主体的基础上，分析教学目标，确定教学的核心问题，明确学生需要探究什么，掌握什么，领悟什么，达成什么。三是分析学习内容。我们设计的问题和任务是否体现教学目标，如何来体现，这需要我们深入分析和选择学习内容。四是设计问题与任务。基于问题的探究过程就是解决问题的过程，问题构成了学习的核心，通过问题引领、任务驱动达成目标。五是学习资源利用。学生自主探究学习、意义构建是在大量信息的基础上进行的，所以需要大量的信息做参考和补充。丰富的学习资源是学生学习必不可少的条件。

探究式教学模式通常要注意以下几个教学环节。一是创设情境，营造探究学习氛围和空间。探究式教学模式围绕课程中的某个知识点而展开，由教师根据教学目标的要求和教学的进度，通过问题、任务，使用适宜的教学手段创设学习情境，引导学生进入学习。二是启发思考。在探究之前教师需要向学生提出与当前学习对象密切相关的富有启发性的问题，以便学生带着问题去探究。提出的问题是否具有启发性、是否能引起学生的深入思考，这是探究式学习是否能取得效果的关键。三是自主或小组探究。探究式教学模式通常采用自主、合作、探究的学习方式，所以在教学过程中特别强调和突出学生的自主学习和自主探究，以及在此基础上的小组合作学习活动。在实施过程中要处理好教师、学生、材料和资源之间的关系。教师起到引导、支持的作用，学生要充分发挥学习的主动性与积极性。四是交流分享。学生只有在经过了认真的自主探究、积极思考后，才可能进入高质量的协作交流阶段。协作交流一定要建立在自主探究的基础上，学生才能交流思想、分享学习成果。教师在此过程中要起到组织、协调、引导的作用。最后，教师还要引导学生对学习成果进行分析、梳理和归纳，并可联系实际进行深化、迁移与提高。

探究式教学模式有利于学生创新思维与创新能力的形成与发展，使学生掌握科学研究的方法，培养学生的科学精神，有利于创新人才的培养。在此过程中，能否取得成就的关键是学生在学习过程中的主体地位是否能得到比较充分的体现，以及教师的引导、帮助与支持作用是否充分发挥。

在英语教学实践中，我们在运用探究式教学模式时还要注意以下几个方面。一是注意设置悬疑，激发兴趣，激活学生的探究热情。当学生对所学习的内容充满好奇和期待时，他们就会积极投入，思维活跃，对所学内容感知深刻，理解透彻，课堂教学效果明显。通过设疑，就会引导学生快速进入主题，激发学生强烈的探究欲望,让学生产生学习冲动,引导学生围绕疑问或问题去主动探究和发现。例如,有位英语教师在教学"Our animal friends"主题单元时,先让学生在轻松愉悦的游戏氛围中感受英语学习的乐趣,在游戏中同时复习已经学过的关于器官的名词;接下来教师通过描述让学生猜测登台的动物明星会是哪位,同时渗透"It has..."的新句型,让学生在不知不觉中获取新知识;在动物们都"登场"后,老师告诉学生们,他们每完成一项学习任务就会得到关于某种动物的提示语"这个动物就是老师的好朋友",学生有了疑问的刺激和引领,都迫不及待地投入到课堂探索的活动中去,都想寻求"What animal is the teacher's friend?"的答案。二是以活动引导学生探究学习。活动是有效达成课堂教学目标的桥梁,它有利于引导学生在活动中促进对语言的感知和理解,有效建构知识体系,更有利于培养学生有效合作和交流的能力。通过合作、讨论、探索等多样化的活动,把学的权利交给学生,充分发挥学生的主动性,促进学生对语言的理解和运用。例如,有位英语教师在教学"season"时,老师首先通过英文歌曲为学生营造轻松愉快的课堂氛围,同时激活学生的相关知识背景和经验,引入话题;接下来通过 brainstorming 让学生从天气、活动、服饰等方面来说说四季,引发学生的相关经验,激发探索的热情;接下来让学生围绕诗歌展开探索,小组合作找出四季天气、活动、服饰、特征等并填写相关表格;随后老师让学生结合自己的生活实际和四季中服饰、事物等相关信息,小组合作自编诗歌并尝试着表演朗诵,从而让学生在层层深入的活动中提升语言能力。三是通过语言运用发展学生探究能力。英语教学要注重培养学生语言运用能力，通过语言拓展活动，引导学生将所学语言转化为语言技能，有效实现知识的迁移，提高学生的语言交际能力和应用能力。例如，有英语教师在教学"New student"时，在学生认识理解语言、获取相关信息后，向学生展示了老师的"Dream school"，并结合所画的图和所学语言向学生介绍各个功能室，接着老师让学生以小组为单位合作讨论并设计理想中的学校，然后通过展示、介绍，最后，大家评选出最美最理想的学校。通过该学习活动引导学生将所学的语言知识运用到生活中去。

（五）非指导性教学模式

罗杰斯提出了"非指导性教学"思想作为其人本主义教育思想的核心。"非指导性"教学模式的理论假设是：学生乐于对他们自己的学习承担责任。学习的成功取决于师生坦率地共享某些观念和具有相互之间真诚交流思想的愿望。罗杰斯相信，积极的人际关系能够促进人的成长，教学应该建立在人际关系而不是其他物质概念的基础上。教师要在头脑中牢记以学生为参照标准，以学生的个人发展为中心，教师创造自由、信任的学习氛围，学生根据自己的兴趣选择学习内容，提出问题，收集资料，解决问题。从非指导性教学的观点来看，教师扮演着促进学生成长和发展的指导者的角色，两者之间是一种咨询关系。教师的任务在于给学生提供一个具有自由氛围的学习环境，并在学生需要的时候提供必要的资源，在这一角色中，教师帮助学生探究有关生活、学习以及与他人关系的新思想。这种模式为师生创造了一种互相学习、坦诚交流的伙伴关系。非指导性教学模式旨在培养学生而非控制学生的学习过程。这种模式着重强调高效的、有助于长远发展的学习风格和良好的个人品质，而不是短期的教学或课程内容的发展。

非指导性教学模式的核心在于促进学生的学习。因此，在非指导性教学中，教师应当尊重学生发现自己的问题并形成解决方法的能力。在实施非指导性教学时，教师要站在学生的立场上去看待整个世界，这就营造了一种移情交流的氛围，以此来培养和发展学生自我指导的能力。在相互交流的过程中，教师理解学生的思想和情感，并通过反思性评论来增强学生的自我感知意识，澄清自己的观点。教师也要关注学生的情感，促进学生的情感发展。积极情感和消极情感的认识对于学生情感的发展及积极解决都是至关重要的。为了有效地运用非指导性教学模式，教师必须相信学生能够理解并处理自己的生活。教师对学生自我指导能力的信任是通过教师的态度表现出来的。教师应该站在学生的立场去看待和感受他们的世界。同时，教师要在学生有了自我感知时向他们传递他对学生自我感知的理解。

"非指导性教学"并非真正意义上的"非指导"，而是强调学生的自我指导，重视教师的促进作用。它充分肯定受教育者的主体地位，将学习者放在了教育的中心和关键位置，注重受教育者的真实感受，要求学生承担学习责任。"非指导性教学"思想对当今教育教学改革提供了借鉴，它主张以人为本，以学生为中心，重视人的价值，尤其重视学生在学习过程中的体验、参与，注意培养学生的独立性、创造性。要求教师展现真实的自我，对学生积极关注、珍视、尊重和接纳，成为学生学习的促进者。

第四章　英语学习活动观下的课堂教学课例及分析

课例1　学科核心素养视域下的初中英语阅读课

主题语境：人与自然——动物保护。

语篇类型：文本阅读。

教材分析：

本课例教学文本来自人教版七年级下册 Unit 5 Let's Save the Elephants 的一篇文章。在本节课之前，学生们已经积累了一定的词汇和语言知识，已经能够谈论对动物的喜好以及喜好的原因。本节课的主题是通过大象这种很典型的动物，阅读并获取以下信息：动物的重要性、动物的各种能力、动物面临的杀戮和危险、如何保护和挽救动物。阅读过程是阅读者和文本及作者的对话，也是一个思维和语言交互作用的过程。在阅读课上，如果阅读活动设计精巧，阅读课型除了获取语言结构知识、语言阅读技能和阅读策略之外，还可以训练学生的逻辑性思维、批判性思维和创新性思维。本课例将围绕英语学科核心素养，通过对文本的深入挖掘和解读，评析阅读活动，分析在阅读课型中如何让学生在阅读实践中发展思维，提升文化品格，锻炼学习能力。

学情分析：本节课的教学对象为西部县城某初中七年级的学生，他们虽然学习英语的时间不长，但对英语学习具有极大的兴趣和热情，对英语语言和文化现象充满期待。在之前的英语学习中，学生积累了一定的语言词汇和表达结构，具有一定的听说读写能力和口语交际能力。学生整体学习积极主动，思想活跃，但分析、概括和梳理信息能力较弱。

教学目标：通过本节课的学习，学生能够达成以下目标。

1. 能够听说读写重点单词和短语；能进一步正确运用一般现在时态。

2. 学会运用一定的阅读策略，如 skimming and scanning，概括主题，完成思维导图。

3. 通过深度阅读，激发学生保护动物的责任感，学会和动物和谐相处，具有一定的环保意识。

教学过程：

Step 1：warming-up and lead-in

课前英语老师通过大屏幕播放泰国的旅游胜地、风土人情、建筑风格和服饰特点视频。老师用英语问候学生并且提问：Could you please say something about Thailand? What do you think of when we talk about Thailand? 有的学生回答：delicious food；有的学生回答：beautiful buildings；也有学生回答：lovely elephants. 老师点拨：Yes，you are right. The Thai people like elephants very much. Elephants are symbol of Thailand. Why do the Thai people like elephants? Let's watch a video.

评析：本导入设计简洁、细致、有效。利用视频导入，能够激活学生有关泰国的背景知识和想象力，更能激起学生的兴趣，将学生的注意力集中在了所要接触的学习点上，体现了话题引入与文化意识渗透双功能。这篇文章来自泰国一位学生所写的网络短文，要更好地理解文本背后所蕴含的文化现象，只有先了解泰国的文化背景。老师为了让学生对泰国有一个直观印象，为阅读做出铺垫，选择了泰国有代表性的建筑物、旅游胜地、风土人情、服饰特点以及动物、人物等画面，组成了三分钟的短视频，用泰语问候不仅营造了积极友好的氛围，让学生放松心情，更让学生对课程充满了兴趣，对学习内容充满了期待，同时培养了学生的文化认同、文化包容以及文化欣赏等文化品格。

Step 2：Pre – reading

T：Although people like elephants very much，but we know that they are in great danger now. Then the teacher guide students to guess the meaning of new words，such as ivory，cut down，kill according to the pictures.

评析：在这个环节，教师引导学生直奔主题和问题，引导学生更多地了解大象以及大象目前面临的现状，给学生也留下了悬疑，大象到底怎么了？为何会处在极大的危险之中；随后教师采用根据图片和语境猜测词义的方法，训练了学生预测生词的阅读策略，并为接下来的阅读扫清了词汇障碍。

Step 3：While – reading

1. Before the reading，students will judge where the passage

come from, the teacher can be a guide if they don't know.

评析： 在阅读课型中猜测文本的来源和出处有助于理解文章的背景和作者的意图和态度。这需要学生积极运用阅读经验，主动调整阅读策略，根据文本的语言特点和特征以及某些细节，推测出文章的来源，而这正是核心素养中学习能力的体现。如果学生回答错误了，老师要耐心引导，呵护学生的自尊心，关注学生积极的情感态度，这有助于其后续的阅读学习。阅读能力其实也是在不断地修正错误和调整阅读思维和阅读策略中提高的。

2. Before the reading, skimming should be introduced to the students to help them understand the passage well and quickly. Then ask students to read the passage for the first time, and try to know who writes this passage and why they write it.

评析： skimming 是阅读策略中最常用且最重要的阅读技能，授课教师要求学生扫读每一段文字的第一句（这其实是主题句），回答谁写的这篇文章和为什么写这篇文章（即写作目的）。该任务比较简单，这给基础相对薄弱的学生发言机会。老师要求课堂上每一位发言的学生能够用完整的句子清晰地回答问题。该阅读任务就是训练学生快速扫读文本，获取基本信息以及明了作者写作意图的能力。

3. Finish mind map

The teacher make students read the article for the second time for more specific information to fill in the mind map. And guide them to think and how they know the answer.

评析：运用思维导图可以培养学生分析判断、归纳概括能力，从而达成逻辑思维能力的发展，也能培养学生的创新思维能力。通过思维导图引导学生透过文本的表面文字而读取文本包含的内在信息、理顺内在逻辑关系，这种思维训练活动能引导学生在阅读中汲取更多的信息，发展批判性思维，也有利于学生写作时选材和谋篇。

Step 4：Post – reading

1. Further thinking

Show students a video and tell them a story about elephants, then ask them what happened to his father and why people kill elephants for their ivory.

Students think about it and share with each other.

评析：在这个学习环节，老师通过设计的小视频讲述了人类杀害大象谋取利益的残忍的故事。在视频中一头小象快乐地和父母生活在森林里，突然有一天，它的爸爸被人类的盗猎者残忍地杀害，砍掉了它的象牙。小象的母亲也悲伤过度离它而去。一头孤苦伶仃的小象哭道："Who can help me? What can I do?"视频配上英语字幕，为学生增加了除文本外的阅读材料。老师富有感情的朗读，让同学们悲愤异常。这为下面的小组活动进行了情感上的铺垫。针对人们为什么杀害大象，同学们发表不同的看法，这些问题的设计可以训练学生的批判性思维。这个环节的设计除了促进学生知识和能力的发展之外，还发展了学生的情感道德和价值观。

2. Group work

What will you want to say to them If your parents want to buy something made of ivory?

Students will discuss with the group members and then make a report.

评析：这项学习活动和学习任务旨在训练学生的口语表达能力和写作能力。由于有了大量的语言输入，学生的语言输出就不会有困难。语言输入的目的是为了语言输出，只有在语言输出中才能够应用语言知识和语言技能，学会建构文章，表达思想观点，也才能实现迁移创新。同时，老师要求大家保证保护大象，保护动物，保护地球这个人类家园。因为动物是我们人类最好的朋友。这是对学生情感态度价值观的再一次升华。最后，授课老师布置了两项课后作业：

1. Look for more information about saving animals on the internet.

2. Make a poster about saving animal.

评析：第一项作业首先体现了老师希望学生爱护动物、保护大自然的文化情节；其次锻炼了学生借助网络工具查找资料的能力，能够拓宽学生学习英语的渠道，提升学生的英语学习能力。第二项作业是对课内所学语言知识的整合、应用和巩固。这两项作业都体现了英语学科核心素养的培养。

从整体上看，本课例营造了轻松愉悦的学习环境和学习氛围。授课教师从知识与技能、过程与方法、情感态度价值观等方面都进行了较为周全的考虑和关注。在整个教学过程中都渗透着对学生文化品格、思维品质、语言能力和学习能力等学科核心素养的培养和发展。

课例2　基于学习活动的阅读教学设计与实施

主题语境：人与自然。

语篇类型：介绍性文章。

教材分析：

本课例教学文本选自北师大版《英语》教材九年级 Unit 7 Journey To the South Pole。课型为阅读课。文本主要讲述了作者南极探险遇到的重重困难和他们团队是如何克服困难的，以及对到达目的地后的美好憧憬和作者通过探险旅程获得的感悟和体会。

对本节课阅读文本的解读和思考：

[What]（主题和内容）本课阅读材料是一篇日记，主要讲述了作者在南极考察探险期间和他的团队所经历的困难，如暴风雪的袭击、无充足的时间用餐和足部的防冻伤保护、超长时间的行走等。作者和他的团队凭借榜样的力量、合理的路线设计、恰当的膳食和专业的护理等措施克服了困难。在日记中作者抒发了他对目的地的美好憧憬和对探险旅程的感悟。

在学习理解、获取信息这个层次的活动中，学生通常通过阅读，获取、梳理、概括、整合阅读内容，形成结构化知识。

[Why]（主题和作者）作者通过这篇南极探险日记想告诉学生们，一个人想要克服重重困难取得成功，除了要具备优秀

的品质，还必须充分做好准备。

作者的态度和意图是希望本课的学习能对学生今后的学习和生活产生影响，这也是本篇课文的核心。教师要引领学生进行主题意义探究，获得此认识。

［How］（文体和语言）这篇课文是日记体裁，是按照日记的写作特征和风格展开的，既讲述了作者一行在南极探险中的艰难经历和对到达目的地的憧憬和感悟，也揭示了探险成功的根本原因在于优秀的品质和充分的准备。文章共有 6 段，逻辑严密，结构清晰，作者在描述列举困难时先总说后分说，使用了总分结构和表示顺序的词语；然后使用了表示转折的词语说明解决的办法。语篇内的逻辑脉络便于学生建构结构化知识和进行推断、总结。

在日记的记叙中作者使用了大量的一般现在时和现在完成时的句子来突出探险艰难的常态；又用三个一般过去时的句子表明作者曾经有过的、一时的想法和感受；最后还用一般将来时的句子表达作者对到达南极的憧憬，用现在完成时的句子抒发感悟，进而说明作者对此行的满足和欣慰。这些丰富的时态以及虚拟语气和配图的使用，凸显了文本的主题意义。

学情分析：

本课例教学对象为西部某乡镇初中九年级学生，经过七年级和八年级的英语学习，学生对于英语阅读学习中需要使用的学习策略有所掌握，如阅读中的预测、获取大意和关键信息、寻找主题句等；在课前的预习作业中，学生已经通过各种媒介对南极探险有所了解，为学习本课内容做了铺垫。在情感态度价值观方面，现在的学生大多为独生子女，孩子一方面很有个性，另一方面也很任性，因此在课文处理方面，除了文本深度阅读之外，更侧重于在感情意志等方面对学生进行引导熏陶，启发学生通过文本阅读了解探险团队的优秀品质，体会成功来之不易，决不轻言放弃。

教学目标：通过本节课的阅读教学，学生能够：

1. 掌握一定的阅读策略，如：skimming，scanning 等，通过阅读，获取探险队南极探险的人员、时间、位置、经历、感悟等基本信息；

2. 梳理、概括南极探险所经历的困难和解决困难的方法，会用并借助于思维导图形成结构化知识；

3. 能够运用本课所学词汇、句法等语言结构和逻辑关系描述探险队所遇困难和克服困难的方法与原因；

4. 评价探险者的行为和观点，分析并推断探险者获得成功的两个关键要素，即优秀的品质和充足的准备；通过角色扮演采访归来的探险者；对阿莫森关于充分准备的重要性的话语进行诠释和评价。

教学过程：

1. 学习理解类活动。

学习理解是落实和实施学习活动观的第一步。在这个环节，教师围绕主题意义创设阅读学习情境，营造阅读学习氛围和构建学习活动空间，激活学生已有的知识和经验，紧密结合学生的认知特征和生活实际，提供必要的语言和文化背景知识，引出要解决的问题。在此基础上，教师帮助学生明确任务与问题，以解决问题为目的，鼓励学生通过对阅读语篇的梳理、概括、整合信息，建立关联，生成新的知识结构，同时感知并理解语言所表达的意义以及语篇所承载的文化价值取向。学习理解类活动主要包括感知与注意、获取与梳理、概括与整合等基于语篇的学习活动。

①感知与注意。

结合图片教师提出以下问题：Where do you think we will go and what do you think we will talk about today? What is the weather like there? 教师在课堂上出示的图片激活了学生的原有图式和背景知识，他们能够预测到本篇阅读的主题是关于南极，并描述南极极端恶劣的气候条件。在此基础上，教师继续以下两个问题：Do you know who the first person was to reach the South Pole? When did he get there? 这两个问题旨在激活学生关于南极探险第一人阿莫森的重要背景知识，起到了铺垫关键信息和学习关键词汇的作用。紧接着教师播放有关南极探险的视频，并提出如下问题：How do you feel about the expedition to the South Pole? Why? 学生基本都能回答出：It's difficult/dangerous/a great challenge because of the terrible weather. 利用视频可以使学生感受到南极气候的恶劣及探险的危险和艰难，它能够起到其他教学手段所不能起到的独特效果，能够给学生直观、生动的视觉冲击，同时也聚焦了主题，丰富了英语语言。随后教师呈现阅读材料并提出以下问题：What would you expect to read in this text? 这时学生基于主题情境会提出很多期待了解的问题。这个问题可以激发学生的好奇心和求知欲，激活学生的语篇结构知识，促进学生语篇猜测能力和想象力的发展。

②获取与梳理。

通过语篇猜测，学生期待了解的问题如下：

Who is traveling to the South Pole?

Where are they now?

When did they start the expedition?

How long was the expedition?

What have they learnt?

学生通过文本阅读首先获取本次南极探险活动的基本信息，找到了所猜测问题的答案，满足了好奇心和求知欲，体现了学生学习的自主性。在这组学习活动中，教师通过提问及观察学生回答的表现来进行教学评价。

③概括与整合。

在完成上述阅读理解活动之后，教师进一步提出以下两个问题：What difficulties have they met? How have they overcome these difficulties? 学生在阅读和获取文本基本信息的基础上，利用表格或思维导图梳理、概括、整合有关作者南极探险所遇困难的信息并进行列举，形成结构化知识。学生利用思维导图梳理和组织信息，建构结构化知识，体现了学生课堂学习的自主性和主体性，促进了学生逻辑性思维和学习能力的发展。在这个学习活动中，教师可以从学生完成思维导图的质量方面来进行教学评价。

2. 应用实践类活动。

在学习理解的基础上，教师要进一步引导学生围绕主题意义和所形成的新知识结构开展描述、阐释、分析、判断等交流活动，内化语言知识和文化知识，巩固新的知识结构，促进语言运用的自动化。应用实践类活动主要有描述与阐释、分析与判断、内化与运用等学习活动。

①描述、阐释与内化。

借助思维导图，学生可以使用所学语言和句法结构来描述探险者所遇的困难以及克服困难的方法。先让学生独自进行描述，然后分小组合作修正补充和完善描述，最后全班学生一起交换相关信息，交流分享学习成果。

②分析与判断。

围绕问题：How have they overcome these difficulties? 教师提出以下系列问题，引领学生分析和讨论探险队所遇到的四个困难，并作出推断。

[Difficulty 1]

Why did Amundsen inspire the writer?（分析）

What might the writer do after thinking about RA?（推断）

What kind of person was the writer?（推断）

[Difficulty 2]

Why does the writer use the word "luckily" in the passage?（分析）

When did they plan the route?（推断）

What helped them plan the route well?（推断）

[Difficulty 3]

What's the right food to prepare?（分析）

When did they get the right food ready for the expedition? （推断）

[Difficulty 4]

Is it necessary to have a doctor on the team to the South Pole? Why or why not? （分析）

How can a doctor be helpful for them? （分析）

When did they invite the doctor? （推断）

在这个阅读学习环节，教师采用了问题引领、任务驱动的方法，随着问题的层层深入和解决，学生就得出探险者克服困难的原因，一是因为他们有强烈的探险愿望，勇敢、坚定；二是他们有专业的知识和充分的准备。随着这些问题的解决，在潜移默化中使学生的逻辑性和批判性思维得到发展，也为后续提炼新学的知识做了很好的铺垫。在本学习活动中，教师可以通过小组和班级描述探险队所遇困难和克服困难的方法的描述来进行学生的学习评价。

3. 迁移创新类活动。

在进行迁移创新类学习活动时，教师主要引导学生在阅读实践的基础上，针对语篇隐含的价值取向、作者的态度进行推理、判断与论证，同时赏析语篇的文体结构、修辞手法和精彩表达，探讨其与主题意义的关联，评价作者的观点等，以加深对主题意义的理解。也能够使学生在学习新知识或新的学习环境中通过自主、合作、探究的学习方式，综合运用语言技能，创造性地解决陌生情境中的新问题，实现深度学习，促进学习能力，发展核心素养。迁移与创新活动主要包括推理与论证、批判与评价、想象与创造等超越语篇的学习活动。

①推理与论证。

教师借助问题 Why were they able to overcome these difficulties? 引导学生分析讨论南极探险者能够克服困难的根本原因。这时候学生应该跳出与文本的对话而上升到与作者的对话，探究文本的内涵价值与意义，经过推理、论证得出要想克服这些困难，不仅要有优秀的个人品质，还必须有充分的准备。

②批判与评价。

教师借助于问题 Do you think they will finally reach the South Pole? And how will they feel? 推断探险者一定能够成功，从而发展学生自身的逻辑性思维和批判性思维。

③想象与创造。

教师组织学生基于文本故事进行角色扮演：

假如你是华商都市报的小记者，针对本次南极探险采访归来的探险者。

学生分组确定各自的角色，运用文本中所学词汇、句法结构等语言知识提出问题或回答各种问题。以此促进语言运用，交流思想观点，发展创新思维。

④批判与评价。

"Victory awaits him who has everything in order. Defeat is certain for him who has neglected to take the necessary precautions in time."，教师向学生呈现阿莫森的这句话，阿莫森是第一位到南极探险的人。同时老师针对阿莫森的这句话提出了如下问题：What do you think of Amundsen's words? Can you explain the meaning or make some comments about what he said？学生通过解释、评价阿莫森的话与文本之间建立关联，而且把这句话的含义和寓意迁移到自己的学习和生活中，深刻体会成功做好一件事情前充分准备的重要性。这对学生价值观的形成和品格塑造会产生影响。这项学习活动教师可以通过小组讨论和班级展示，把握学生分析和评价南极探险者取得成功的两个关键要素的情况，通过学生采访过程中的提问及回答来进行评价。

⑤教师布置文本学习结构框架图让学生来完成（见图2），使学生巩固所学知识，拓展主题知识，实现迁移创新。

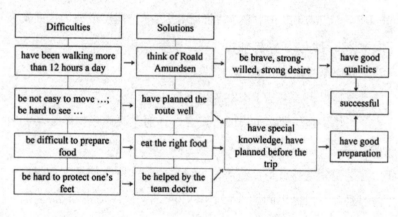

图 2

Homework

If you have a chance to explore Himalayas, what difficulties might you meet and how will you prepare for them？ Make a plan for them.

课例评析：基于英语学习活动观的阅读教学通常遵循三个

步骤进行阅读教学的设计与实施：首先，教师全面、深入地解读阅读语篇。其次，在解读文本的基础上整合课程内容和课程资源，基于英语学习活动观设计教学目标，教学目标要易于操作和评价，要有层次性。最后，依据教学目标，依照英语学习活动观的相关理念和原则要求，设计并实施有层次的教学活动；通过阅读活动，引导学生开展主题意义探究，整合知识学习，促进语言技能发展，开阔文化视野，体现品格塑造，发展思维品质和学习能力。基于英语学习活动观的教学能够改变以知识和技能为主的碎片化学习的现象，也能够改变情感态度与价值观发展虚置或者牵强附会的问题，它从本质上改变了教师的教学与学生的学习。一方面，还原了学习的本质，充分发挥了课堂教学中学生的学习主体作用，学生真正成为主题意义探究的主体。学生在优化了的学习环境和学习空间里能够通过自主、合作和探究式的学习，积极地探究主题意义。另一方面，通过学习活动，学习不再是单纯地获取语言知识，学生在对语篇内容进行概括、提炼、比较、评价的过程中实现了对语言和文化知识的整体感知、体验、获取和转化，发展了优秀的品质和良好的素养。基于英语学习活动观三个层次设计的活动任务和问题，能够使学生的思维层次和思维品质不断地得到提升。

课例 3　高中英语单元主题学生学习活动设计（以人教版必修 1 Unit 5 Nelson Mandela – a modern hero 为例）

学习活动目标：学习活动文本来自高中英语必修 1 Unit 5

Nelson Mandela – a modern hero，这个单元的中心话题是"伟人的品格，几位伟人的生平"，要求学生通过伟人的生平简历，了解他们的优秀品质、人格魅力和伟大情怀，发表自己的意见、看法和受到的启发。基于本单元主题，教师创设真实的英语语言学习活动，指导学生收集、分析和处理信息的方法，发展学生有效利用资源的学习策略，培养学生用英语表达意见和评论的能力，在学习活动中引导学生参与、体验、思考和探索，学习语言知识，提升学习能力，发展学生的英语语言综合素养。

学习活动内容：要求学生以小组为单位，充分利用网络资源，搜集 Nelson Mandela，Martin Luther King，Mahatma Gandhi 三位自由战士的生平、所经历的重大事件和影响的相关信息，通过小组合作学习，梳理、筛选并整合信息，分别制作曼德拉、马丁·路德·金、圣雄甘地三位自由战士的人物传记音频解说；要求小组内分工合作，完成人物资料的查阅，人物重大事件图片的查找，英语解说词的创作，在小组共同努力下合成一段 15 分钟左右的人物传记音频解说，最后每个小组推荐一名学生运用多媒体进行展示解说，与全班同学交流、分享学习成果。

学习活动时间：准备时间一周，学习成果交流一节课。

学习活动形式：个人活动、小组分工合作、全班交流。

学习活动过程：

1. 布置学习任务，明确要解决的问题：教师要求学生以小组为单位，充分利用网络资源，搜集 Nelson Mandela，Martin

Luther King, Mahatma Gandhi 三位自由战士的生平，了解三位自由战士所经历的影响力较大的重大事件以及对各自民族、国家以及人类历史做出的巨大贡献及意义。学生在了解事实、获取信息的基础上，进一步思考两个问题：（1）这三位自由战士有什么共同点？（2）他们具有哪些优秀品质？对我们有什么启示？小组最终将整理的信息以多媒体方式在全班进行呈现和交流。

2. 小组活动：采用异质分组的方法，将全班学生分成小组，每小组 5 到 6 人，每个小组负责收集一位自由战士的资料。小组成员明确分工，收集文本、图片、音频、视频相关信息；整理文本资料，最终形成文字材料；制作展示成果，最后每个小组推荐一名学生以报告者的身份交流分享学习成果。

小组合作学习活动是本次学习活动能否有效开展的关键，教师要培养学生互助合作的团队意识，小组讨论要能够实现平等对话，在民主、协商的氛围下达成一致，形成共同的成果，同时重视发挥个人作用，培养学生的责任意识，积极主动参与学习活动和承担任务，发挥团队力量互相促进，在活动过程中运用语言知识和语言技能，提高学生的英语表达能力和学习能力，发展学生的综合素养和英语核心素养。

3. 课堂交流与分享：各个小组在课堂上呈现学习成果，每个小组用 6 ~ 7 分钟时间进行展示汇报，小组成员互相评价，最后教师点评总结。

课例评析：美国教育学家加涅曾把解决问题视为"最高级的学习"。英语教师要设计主题引导下的内容教学，力求教学设计的情境化、问题化和活动化。高中英语教师要通过整合教材内容，突出主题真实情境，设置适合学情的问题、任务与活动，优化高中英语课堂教学。本课例很好地体现了这一教学思想。学生参与基于单元主题的学习活动，积极性很高。在活动开始时，学生对活动的内容和目的把握不够准确，在教师的指导下，学生理解和掌握了任务及问题的核心，明确了各自的分工和所承担的任务。小组内成员之间能够共同协商协作，筛选所需信息，形成解说文字材料，制作 PPT。各小组能以各自的理解整合信息，富有个性和特色地呈现信息，清楚明了，重点突出。当教师为学生提供一个舞台时，学生就会有令人惊喜的表现，虽然活动中存在一些问题，但这样的学习活动深受学生欢迎，能极大地调动学生参与的积极性，它对学生整体素质和素养的提升有着非凡的意义。单元主题学习活动是近年来好多教师采用的教学方式和学生学习方式，英语学科也不例外，它能很好地落实英语学习活动观，符合《标准》所倡导的理念，能很好地促进学生英语核心素养的发展。本次活动中，教师做了大量的准备工作，在开展学生活动之前，教师就三位自由战士的生平、重大事件和影响搜集了大量的信息，并自己做了信息整合和处理，预测学生可能出现的问题。开展单元主题学习活动时，教师指导学生如何使用检索工具，快速、准确地查找所需的信息，如何抓住重点整合信息，如何制作 PPT 及呈现形式，如何选择简单易懂的英语语言表达准确的意思等都给予了学生建议，这些建议以引导和启发为主。在单元主题学习活动中，教师是帮助者，在学生对活动感到困惑时，及时为学生指明方向；教师是观察者，及时了解学生在活动中的认识、理解、困惑或困难，并依据观察及时调整活动；教师是鼓励者，教师对学生想法的肯定促使学生更加相信自己，对自己提出更高的要求。学生真正成为学习的主体，在积极地参与过程中体验到了发自内心的喜悦与快乐，心理需求得到了极大的满足。英国教育家斯宾基说："如果能给学生带来精神上的满足和快乐，即使无人督促也能自学不辍。""Tell me, I will forget. Show me, I may remember. But involve me, I will understand."这句话强调了参与学习的重要性。学生的知识是在学习过程中主动构建而成，而非教师"传授"所得，只有当学生积极主动地参与到学习过程中，才能实现知识的内化。通过本次单元主题学习活动使学生学会搜集、整理和处理信息的方法，体验参与学习的乐趣，虽然学习中遇到了困难，但通过小组合作都得到了解决，激发了学生强烈的英语学习兴趣和动力。学生在活动中由被动的知识接受者逐渐转变为主动的知识构建者。学生在小组合作中学会如何和他人开展有效的合作，如何倾听，如何发表意见，如何通过和其他同学比较，反思自己的不足。本次活动学生在解决问题和完成任务的基础上，对基于活动的学习有了新的体验和认识，这是一次全新的学习经历。

课例4　语法教学：定语从句的用法

学习活动说明：定语从句的句法现象在初中英语（人教版）第三册中已经出现，此后学生对定语从句就频繁接触，但只是作为了解，不作为具体的掌握内容。在高中阶段，定语从句是要求必须掌握的语法内容，且是高中教学的难点，教学占时较多而效果不太好，尤其容易和名词性从句混淆，当它们放到一起考查时，区分起来更有难度。在实际教学中，有的教师通常引导学生通过罗列和呈现句法现象，从而掌握定语从句句法特征和结构，通过分析、归纳形成定语从句的概念，再通过训练进行巩固和内化。有的教师首先引导学生学习和掌握定语从句的定义、概念，然后罗列和呈现句法现象，分析定语从句句法特征和结构，最后通过训练掌握这一语言现象。对于英语基础较好的同学来说，在讲清了定语从句的基本定义之后，对定语从句的句法结构和用法基本就有了比较清晰的把握；但对于一部分英语基础稍弱的学生来说，仍然显得比较困难。因此，分组教学就显得很有必要。本节课是定语从句的第二课时，采用分组教学学习定语从句。

1. 分组：根据学生的英语学习现状以及英语语言知识和语言能力水平把全班同学分成 A、B 两个组，A 组学生基础较好，学习能力较强，B 组学生英语语言基础和学习能力较弱。

2. 两位英语教师分别对两组的学生授课。

A 组

（1）通过提问和总结，复习定语从句的相关概念、列举引导定语从句的关系副词和关系代词。

关系副词：when，where，why；

关系代词：that，which，who，whom，whose，as；

（2）通过提问和总结，引导学生分析、讨论上述关系代词作主语、宾语、定语、表语，关系副词在定语从句中作状语。

（3）给学生预留足够的时间让学生准备后，学生举例说明。

学生 A：关系代词作主语。

The girl who is playing piano is my sister.

学生 B：关系代词作宾语。

The tall man who/whom you met just now is our headmaster.

学生 C：关系代词作定语。

She has a friend whose son is a supper star.

……

（4）教师引导学生总结关系词的使用规律。

（5）通过改错题巩固练习，内化知识。

让学生找出下列句中的错误并加以改正：

My English teacher and Mr. Smith are talking about things and persons who（that）they remembered in the countryside.

This is the best film which（that）I have ever seen last year.

Everything which（that）we saw was not true.

This is the watch for which Tom is looking（把 for 移至 looking 后）.

This is the factory where（which/that 或去掉 where）they introduced to us last week.

The house in that（which）we live is very small.

……

B 组

教师通过举例说明，复习上节课学过的定语从句的相关概念和引导词。

she has two sisters，both of whom are singers.（关系代词作宾语）

The reason why he didn't take part in the party is that he was ill.（关系副词作状语）

Those who want to answer the question put up your hands.（关系代词作主语）

The boy，whose mother left him last year，studies very hard.（关系代词作定语）

……

教师引导学生进行总结。引导定语从句的关系代词有：that，which，who，whom，whose，as；关系副词有：when，where，why。关系代词通常在定语从句中作主语、宾语、定语、表语，关系副词在定语从句中作状语。教师同时提供更多的例子供学生训练识别（具体例句略）。

学生思考：关系代词和关系副词的特殊用法。

教师提示：that 和 which 的用法区别，as 和 which 的用法区别……

（1）教师引导学生总结关系词的使用规律。

（2）设计难度适中的选择题进行巩固练习。

选择正确答案：

That is the day _____ I'll never forget.

A. which   B. on which

C. in which   D. when

The factory _____ we'll visit next week is far from here.

A. where   B. to which

C. which   D. in which

The place _____ interested me most was the children's palace.

A. which   B. where

C. what   D. in which

Do you know the man _____?

A. whom I spoke   B. to who spoke

C. I spoke to   D. that I spoke

This is the hotel _____ last month.

A. which they stayed   B. at that they stayed

B. where they stayed at   D. where they stayed

Do you know the year _____ the Chinese Communist Party was founded?

A. which   B. that

C. when   D. on which

……

3. AB 两组学生合作。

（1）AB 两组学生合作，分享交流并讨论定语从句的基本用法，彼此熟悉教师提供的例题及巩固性练习题。

（2）教师提供新的选择题和改错题进行练习，教师对学生提供帮助和指导。

（3）同伴互助运用定语从句和口头造句，互相纠正错误。

4. 作业：要求学生结合身边发生或经历的熟悉的事情，写一篇短文，充分使用不少于 10 个应包含所有关系词的用法的句子，完成后同伴之间互相交流纠正，上交老师。

课例评析：学习活动是重要的教学手段，它有利于开阔学生的视野，陶冶其情趣，发展其特长，使学生在活动中不知不觉地学到知识，学会学习，提高学习能力，发展学科核心素养。这种教学活动最大限度地使学生融合了两位教师的教学特长和优点，增加了知识的容量，拓宽了知识面。分组教学有利于因材施教，使教学更具有针对性。不同小组学生之间的合作交流可以扩展教学的时间和空间。学生结对合作，相互讲解，极大地增强了学生的自信心和求知欲。这种教学模式由教师的合作延伸到了学生的合作。在语法教学中教学效果明显。

课例 5　阅读教学：John Snow Defeats "King Cholera"

主题语境：人与社会——科学家与科学研究。

语篇类型：介绍性文章。

文本分析：

本节课教学文本 John Snow Defeats "King Cholera" 是人教版高中英语必修 5 第一单元的一篇介绍科学家的阅读文章。该文介绍了医学科学家 John Snow 如何通过考察、分析和探究的科学方法，从发现霍乱成因中的问题、提出假设，选择调查方法、收集和分析数据、寻找支持证据，直到最后得出结论并提出解决方案的整个过程。文章按照科学研究的步骤和时间顺序展开。重点词汇主要涉及疾病、治疗、病因等，如：defeat，physician，expose，cure，suspect，blame 等，句式主要涉及有关科学研究步骤和具体方法等结构句式，文本中出现了英语语法过去分词的用法。本文的价值取向在于通过这篇课文的学习，使学生感悟到科学家周密观察、勇于探索、深刻分析、追求真相的科学精神，体会到英国的医学科学家 John Snow 在霍乱防治领域所做出的突出贡献和他作为杰出科学家正直的人品和科学严谨的态度。

学情分析：本节课的教学对象是西部某县城高二某班的学生，学生英语基础较好，学习态度认真，学习热情高。经过高一阶段的英语学习，学生积累了一定的英语语言知识和英语学习的基本技能，学生已基本具备在阅读中获取细节信息的能力，部分学生能用英语表达思想观点。但是多数学生在理解和整合知识、逻辑推理和分析论证观点以及批判评价方面的能力都比较欠缺。此外，虽然学生对著名科学家 John Snow 及其贡献有一定程度的了解，但此前与之相关的知识结构并不系统，对科学研究的具体步骤了解不全面，对科学精神缺乏深层理解，对霍乱以及 John Snow 的背景知识比较陌生。

教学目标：在本课学习结束时，学生能够：

1. 获取并梳理文本中有关 John Snow 本人以及他调查并阻止霍乱蔓延的事实性信息；

2. 概括、整合、John Snow 为阻止霍乱蔓延所采取的研究步骤；

3. 推断 John Snow 作为科学家的优秀品质并举例论证；

4. 以 John Snow 战胜霍乱的事件和他的优秀品质为依据，举行（模拟）答记者问；在此基础上，总结优秀科学家的精神和品质。

教学过程：

Pre – reading

Step 1：Students watch a video about what happened to Haiti in 2013 and learn about the outbreak of cholera. Students watch the video again and identify the main symptoms of cholera. （创设情境，引出主题，理解关键词汇。）

Step 2：The teacher directs students attention from Haiti to London 160 years ago by showing a picture of the cholera outbreak at that time. Students share their understanding and feeling about the situation. The teacher invites students to think，If you were a doctor，what would you do to deal with the situation? Students discuss in groups what they would do and share their ideas with the whole class. （利用视频和图片，创设语境导入主题，激活学生已有的关于解决问题的认知和经验。）

While reading

Step 3：1st reading

Students read the title "John Snow Defeats 'King Cholera'" and predict what might be talked about in the text.

The teacher invites students to read the first part of the text and answer three questions:

1. Who was John Snow?

2. Why cholera was called King at that time?

3. How did cholera kill people?

After the feedback, Students continue reading and find out what John Snow did. Students are encouraged to mark the map with the locations based on the information provided in the text. （提取有关 John Snow 和霍乱的背景信息和基本事实性信息。）

Step 4: 2nd reading

The teacher asks each student to read the text carefully again and use a flow chart to note down all the important steps taken by John Snow in his investigation; then share and revise their flow charts in groups. Students are encouraged to use a dictionary if they come across any new words.

The teacher invites two groups to draw their flow charts on the board and then describe the process to the whole class.

Based on the information from the text, the teacher asks students to answer the following questions:

1. Did it make sense for John Snow to believe in the 2nd theory? Why?

2. Why did John Snow mark information on the map?

3. When John Snow found a sharp contrast in the death tolls be-

tween two neighbouring streets, what did this evidence lead him to conclude?

4. Did John Snow make his research results public the minute he found out that the polluted water might be to blame? Why not? What did he do instead?

5. 进一步梳理细节信息，概括、整理 John Snow 的研究过程。利用工具书解决阅读中的问题。在描述阐释的过程中实现语言和知识的内化，同时引导学生发现并深入理解 John Snow 严谨的科学精神。

Step 5: 3rd reading

Students read through the text again, identify what it is trying to tell the readers, and summarize the main idea in one sentence.

Students share their summarizes first in groups and then with the whole class.

（引导学生概括总结所学内容）

Step 6: 4th reading

Students read the text again and then in groups discuss the qualities of John Snow based on what he did, giving evidence to support their conclusions. For example: John Snow was "caring and loving" because he chose to risk his own life to help ordinary people.

The teacher provides a mind map on the board and invites all the groups to add more words describing John Snow's qualities.

Different groups are invited to explain their chose of words with evidence found from the text.

（帮助学生深入理解 John Snow 与众不同的人品和优秀的科学家品质。）

Post – reading

Step 7:

Students work in groups to prepare a press conference where John Snow is to answer questions raised by different reporters.

Reporters: come up with at least three questions regarding information about John Snow and what he did to defeat cholera.

John Snow: give answers by design the information from the text as well as one's own understanding and interpretation. Students present their question at a press conference with appropriate manners as a media reporter. John Snow answers the questions. Students and The teacher together reflect and summarize what has been learned. （巩固并整合所学语言和内容，学生通过提问并理性回答，进一步加深对 John Snow 阻止霍乱的研究步骤和科学精神的理解。师生共同探讨科学家精神的特质，体现迁移创新。）

Homework

1. As a reporter, write a new article on "How John Snow Defeated Cholera".

2. Plan and conduct a research project. Find a problem in your

daily life. Work out a series of steps to investigate the problem. Carry out the research and write down the steps you take and what you have found.

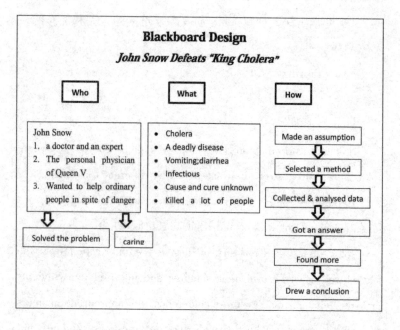

图 3

课例评析：本课例授课教师基于语篇解读和学情分析，设计了五个层层递进、相互关联的教学目标。这些目标都指向对学生语言能力、语言技能、思维品质和学习能力的培养与提升，教学活动设计以目标为导向，紧密围绕 John Snow 放弃优越的工作和生活，通过科学严谨的方法，打败霍乱的事件展开。教学活动设计体现了学习理解、应用实践、迁移创新三类活动的关联与递进，引导学生获取、整合、内化信息，理解和表达观点、情感和态度。教师首先创设情境,从学生的已知出发,引导学生探究这一过程的事实性信息,进而梳理整合科学家分析问题和解决问题的步骤和方法。在此基础上,学生概括文本的信息结构,形成对开展科学研究所需要的重要品质和方法的感知和认识,最后总结归纳科学研究的过程和科学家精神,把语言知识学习、语言技能运用、思维品质发展和文化意识形成都有机融入课程内容和教学活动中,在英语课堂教学中很好地落实了学生英语核心素养的发展。

课例6 阅读教学:Nature Is Turning on Us

主题语境:人与自然——自然灾害与环境保护。

语篇类型:专题报道。

教学内容分析:自然灾害与环境保护是我们人类共同面临的课题。自然与环境意识也是现代公民应具备的素养之一。教材设置这个主题单元有着重要意义。本单元的主题涉及两篇阅读,分别讲述的是全球变暖,濒危物种。本篇阅读课文讲述的是记者金莉关于地球灾害频繁,危及人类安全的一篇报道,围绕世界范围内自然灾害不断增多加剧的现状,作者警示人们尊重自然、保护环境、高度重视人与自然的关系。本篇阅读课文第一自然段作为开篇引入话题,第二和第三段列举了近十年来发生在世界各地的自然灾害,特别强调了火山爆发和地震一直是对人类威胁最大的两种自然灾害,同时说明自然灾害正在变得越来越频繁,地域也变得越来越广。第四和第五段分析了发生灾害以及灾害造成严重损失的人为因素。最后作者引用专家的预测，即自然对人类的最大灾难还没有降临，未来情况会变得更加严重。

学情分析：本节课的教学对象是西部乡村某中学高二学生。该班学生整体英语学习动机良好，学习英语的积极性较高，思维活跃。但由于地处西北乡镇，学生的英语学习水平和英语学习能力一般，大部分学生英语学习处于中等水平。但从整体上看，在英语阅读学习活动中，学生能够获取基本信息、梳理和整合信息，能够简单表达自己的思想观点；但是学生在运用英语连贯地描述事件、阐释意义和批判评价方面的能力都比较弱。

教学目标：经过本课的学习，学生能够：

1. 获取语篇主题、主旨和语篇大意，明了作者的态度和写作意图，厘清文章篇章结构，归纳梳理文中事实性信息。

2. 通过学生自主阅读与小组合作阅读学习，进一步整合文章信息，对文本进行深度解读。

3. 在阅读文本和观看媒体视频材料的基础上，讨论人与自然的关系，表达个人思想观点。

教学过程：

Step 1：Lead in

1. The teacher shows students some pictures of natural disasters that have happened in recent years, and then asks students what they feel.

2. The teacher invites students to raise questions about the natural disasters they have seen by giving an example: Why do natural disasters happen so frequently nowadays?

3. Students work in groups. Each group comes up with at least three questions and writes them down on the piece of paper provided, students share their questions and the teacher writes them on the blackboard.

4. The teacher introduces the title of the text (Nature Is Turning on Us) and asks students to think about what "turning on us" means.

（教师利用图片，激活学生背景知识并创设情境，通过问题和任务，引出主题，激发学生阅读欲望和阅读期待。）

Step 2: Activity1: Draw a structure map of the text

1. The teacher invites students to read the first two lines at the beginning of the text and asks students what type of the text it is. Then the teacher and students discuss and list the features of this kind of writing (who, what, when, where, how...)

2. The teacher asks students to read through the text and then work in groups to illustrate the structure of the text on a large piece of paper.

3. Students share and explain their structure maps in class by sticking their structure maps on the board.

（教师引导学生明确文章体裁，了解文章结构，为获取基本信息做铺垫和准备。学生在获取、归纳和整合信息的过程中学习语言知识，提高语言能力；教师通过利用结构图训练学生思维品质。)

Step 3：Activity2：Complete a mind map of the whole text

1. The teacher asks each student to work out his/her own structure map with the key information from the text based on the ones proposed by different groups. Then the teacher invites two students to draw their structure maps on the blackboard and the other students on their worksheets.

2. Students share their structure maps in groups and compare them with the ones on the blackboard.

3. The teacher asks students to explain the mind maps on the blackboard and add some necessary information if anything is missing.

（在问题和任务的推动和引导下，学生以自主阅读为主，深刻理解文本，在梳理、归纳文本信息的过程中，进一步训练阅读策略，提高阅读能力并体验作者的思维过程。学生通过概括信息、描述和阐释意义进一步训练语言能力。)

Step 4：Activity3：Reading Circles

Students work in groups of four, read the text again and each takes one of each task, offers help and monitors the class.

1. Discussion Leader：

Raise two questions based on the text and write down your answers. You may ask questions about the details, the main idea or the underlying meanings.

Share the questions in your group and make sure your members can answer them.

Ask group to comment on your questions and invite them to help you improve the questions.

Organize your group discussion.

2. Word Master:

Collect words or phrases related to natural disasters. Choose at least five words, prepare explanations for each word, and think about the reasons for choosing them.

Share your words in your group. Choose one word and explain why you have added that word to your list.

Ask your group members to add more words.

3. Interviewer: Suppose you had a chance to interview Jin Li.

Prepare two questions to ask Jin Li, for example, things that you don't understand in the text or something else you would like to know. e. g. With the increase in population, we need more resources. How should we keep a balance between our needs and our limited natural resources?

Discuss your questions with your group members and ask them for possible answers.

Act out the interview. for example, you say: "Good morning, Mrs. Jin. I read your report. May I ask you some questions?"

4. Connector:

Write down your feelings after reading the text and what the text made you think about. You can connect the text with real life. What can you learn from the text? What should you do?

Share your connections in your group.

After these learning tasks, the teacher invites two groups of students to present their group work to the class. then the teacher gives feedback and invites other students to voice their opinions.

（在学习活动的推动下，学生多层次多角度深度理解文本，在活动中训练表达能力。通过描述阐释意义提升语言能力。通过分析论证、推理判断作者的观点提升思维品质。基于现实生活，思考人与自然的关系以及人类面临的共同问题和挑战，在整个学习过程中渗透着文化意识。）

Step 5：Voice Your Opinion

Students watch the video " Nature Is Speaking " and discuss the relationship between nature and human beings. And then students voice their opinions.

（通过再一次观看视频，深化主题意义和价值观教育，渗透德育浸润。通过联系生活，提出自己的观点，实现迁移创新。）

Step 6：Summary & Homework

1. The teacher invites the class to summarize what they have learned.

2. The teacher draws students attention to the questions, students raised at the beginning of the class and see whether those questions have been answered or not.

3. Assignments

Option 1：Rewrite the ending of the text.

Option 2：Write a report on a natural disaster that has happened recently.

Option 3：Choose one unanswered question raised in class and try to write an answer to it.

（概括、总结和梳理所学内容，扩展话题内容，提升学习能力。）

课例评析： 在本节课的教学案例中，教师基于对教学文本和学情的分析，立足新课程理念和学生学习活动观制定了本节课的教学目标；依据教学目标设计了学生学习活动，包括创设情境，激活图式；明确体裁，梳理文章篇章结构；获取事实性信息，巩固内化信息；深度理解文本，分享阅读成果；发展批判性思维等学习活动，体现了学习理解、应用实践、迁移创新三类活动的相互关联和有效实施。教师采用学生分组合作完成阅读任务。以任务和问题为驱动，推动阅读由浅入深，在学习活动过程中促进学生的综合能力和核心素养的发展。

课例7 口语情境交际

教学目标： 本节课的口语情境交际学习活动针对的是七年级学生，教学目标是学生能够使用英语口语得体、恰当、清楚地表达想法；学会使用常用的英语口语和礼貌用语等；能清楚、流畅地使用交际英语进行沟通和交流。

交际情境：学生要向魏老师借一本《简·爱》，给魏老师打电话，让魏老师明天上班时把书带来。

具体活动和教学过程：教师将学生 4 人一组分为学习小组，学习小组采用异质分组法组成。具体活动包括：

（1）小组交流：小组成员之间互相启发、明确"打电话"的程序，确定"打电话"说话的内容；

（2）小组内成员之间自由组队，分角色（学生和魏老师）练习打电话，教师巡视提供帮助指导。

（3）经过小组内充分的角色表演和学习练习后，每组选派代表利用电话进行交际表演，教师和学生参与评价和评议。

为提高学生用英语交际的灵活性，训练学生的创新思维，教师结合学生的知识背景和生活背景以及学习特征和实际水平，在教学中因材施教，并且拓展课堂所学内容，教师尽可能地为学生创设创新表演的情境：魏老师在家，接听人是魏老师的妻子；魏老师不在家，需要转告；魏老师接听了电话，《简·爱》这本书被别人借走了；电话没有人接听，需要留言。

课例评析：这是一节口语交际课例。口语交际是听和说的互动过程，它不但对语言知识有较高的要求，而且对语言运用、人际交流交际和沟通也有很高的要求，对学生的反应能力和语言的敏感性也是一种考验。因此，口语学习活动主要应在特殊的环境下，在具体的交际情境中进行。在本案例中，教师根据学生交际交流的目标，积极组建学习小组，营造真实的语言情境，从而开展对话交流。通过学生小组成员之间互换角色进行口语练习，展开合作学习。这种教学模式最大限度地为学生提供了自主学习、合作学习、探究学习的时间和空间。通过合作表演打电话，唤起学生已有的生活经验，充分调动学生的学习积极性，使学生在自主合作的活动中互相学习，初步懂得打电话的注意事项，全面提高口语交际能力。在活动中，小组成员民主参与、彼此平等、积极分享，避免了学生学习的机械重复与简单记忆，而是设计和引导学生在学习过程中亲自参与、经历、体验、发现、探究。该学习模式能够促进学生的情感发展，在解决问题和交际交流中学会知识，提高能力；在活动中发展学生综合素养。

课例8 基于自主、合作、探究的学习活动

主题语境：人与社会——旅游与文化。

语篇类型：旅游日志"A Trip on The True North"。

教学目标：

本课结束时，学生能够达成以下目标：

（1）能够运用 skimming、scanning，概括主题意义、推测作者意图等阅读策略，获取文本信息，梳理并描述有关加拿大旅行的旅行路线、风景特点、气候特征、旅行者感受等事实性信息。

（2）在教师的引导下，学生能够归纳、总结、报告有关加拿大的概况和特点，形成对加拿大的地理、人口、经济、文化、交通等结构化知识。

（3）比较并能够用英语描述加拿大与中国的地理位置、旅

游路线、人文景观等方面的异同。

（4）在教师的指导下，通过小组合作分享对加拿大的总体认知和感受。尝试为加拿大朋友推荐和设计一条中国旅行路线，突出本土文化特色，体现跨文化意识。

学生学习活动：

（1）教师通过展示自己或者朋友在加拿大旅游时的照片或者视频，帮助学生在情境中认知和理解新词汇。同时创设情境，引入主题，激活学生背景知识和阅读欲望。在此基础上，教师设计有关加拿大的常识性问题，学生通过回答这些常识性问题，分享如加拿大的国旗图案、相邻国家、国宝以及使用的主要语言等已知知识，激活图式。

（2）学生通过聆听加拿大国歌，思考歌词中"The True North"的含义。同时交流他们期望了解的有关加拿大的信息。

（3）梳理阅读所获取的信息，内化英语语言知识和语言技能。学生通过小组合作绘制旅行路线图，梳理细节信息；基于旅行路线图，描述文本中两姐妹旅行中所去的地方、见闻和感受，内化语言，提炼概念，获取结构化知识，提升学习能力。学生的阅读要有层次性，依次递进。教师设计的问题和任务也要环环相扣，彼此促进。学生第一遍阅读课文，主要目的是概括主旨并梳理主要事实性信息。学生第二遍阅读课文，学生分组合作绘制出课文中主人公的加拿大旅游行程路线图，标记出所经过的旅游地点和关键信息并汇报。学生第三遍阅读课文，分组完成关于加拿大的人口数量、气候特点、地理概貌、特有动植物、文化特点、交通工具、自然资源等概况的结构化知识图。

（4）在阅读梳理文本的基础上进行推理判断。学生讨论并交流主人公选择这条旅行路线的原因。然后学生以小组为单位分享个人对加拿大的总体感受，并基于结构化知识图比较中国与加拿大的异同。

（5）学生分组合作为来自加拿大的旅行者设计一条体现中国文化和地理概貌的旅行路线，达成学习的迁移创新。

课例评析： 在本课例中，教师基于学生学情和文本，通过设置问题情境，引入主题，激发学生学习动机和背景知识，教师设计符合学生实际和促进学生英语核心素养发展的问题和任务，通过问题引领、任务驱动，让学生在完成任务和解决问题的过程中，有机融合、自主合作和探究等学习方式；学生以小组为单位，在小组活动中获取信息、处理信息，完成信息整合、意义探究和交流表达。同时教师帮助学生在学习活动过程中深入理解文本含义、内化文本信息；教师为学生营造相对真实的语言环境，引导学生运用课文中的语言和信息进行思维和表达；学生在比较加拿大和中国异同的过程中体会文化差异，增强文化意识，拓展文化视野；在小组合作学习中，培养学生平等、民主的参与意识，学会交流和沟通，学会妥协和包容，学会达成一致意见。使学生在学习过程中，语言知识、语言能力、文化意识和学习能力都得到发展。

课例9　基于媒体信息技术辅助的英语学习活动

主题语境： 人与社会——信息技术与记忆。

语篇类型： 论说文 "Is Your Memory Online?"

学情分析： 本节课的教学对象是西部某乡镇中学的高二学生，学生在经过了高一阶段英语知识的学习积累和语言能力的训练之后，积累了一定的语言知识，发展了一定的语言技能，掌握了一些英语学习策略和方法，具有一定的获取信息、处理信息的能力，读写能力得到了进一步的提升。但学生英语的听说能力较弱，英语情境交际能力欠缺。由于地处偏僻，学生可利用的学习资源较少，平时虽然接触网络媒体，但通过利用网络媒体平台进行学习尝试的较少。但学生能够操作常见社交软件。

教学目标：

1. 本课结束时，学生能够解决和完成以下问题和任务：

（1）在问卷调查表的引导下，自主完成一项问卷调查，了解人们对"网络媒体是否影响记忆"的看法，梳理信息并写出调查报告。

（2）通过对文本的深度学习，理解心理学家 Sparrow 的观点；掌握论说文的篇章结构和语言特点。

（3）学习 Sparrow 的研究方法，完成一项实验，验证 Sparrow 的观点。

（4）形成题为 "The Influence of the Internet on Our Memory" 的主题报告。

2. 学生对现代信息技术的使用能够达到以下标准：

（1）在教师的帮助下，学生学会利用社交软件，建立师生移动学习共同体，教师对学生进行个体化和个性化指导，并加强学生间的真实互动。

（2）教师通过网页，搭建学生学习平台；同时教师为学生提供学习材料和学习资源、互动的参考标准和语篇学习的指导建议，引导学生自主学习；学生通过网络互动学习平台，组建互动群，并与主平台链接，便于学生开展小组合作学习和教师的指导。

（3）使用网络问卷设计工具，完成问卷调查和有关数据统计，用于学习活动评价。

学习活动：

（1）课前活动。

学生小组活动。在教师的帮助和指导下，学生借助网络问卷设计工具，设计汉语问卷，通过网络社交平台，进行问卷调查，并通过网站自动统计，了解人们对"网络媒体是否影响记忆"的看法，据此写出简单的英语调查报告，上传到各组平台，便于教师调控、评价学生学习活动和学生之间进行分享、交流与评价。教师在互动学习平台上提供调查报告的参考要点和评价标准。

学生自主学习。学生在互动学习平台上自主阅读文本"Is Your Memory Online？"，首先按照 skimming 所要解决的问题和任务，整体阅读，获取文章主题和主旨以及作者的写作意图；再进行 scanning，获取和梳理文章的主要信息和细节。教师可以设计评价工具连接在学习平台上进行学生学习评价。

（2）课中活动。

在这个环节，教师设计了三个问题和任务，让学生按照要求依次完成。

首先，教师借助于网络问卷设计工具，设计一份关于"What do you think of the influence of the Internet on your memory?"的问卷。学生通过社交软件，进入问卷界面并作答。整个活动在两分钟内完成。大多数学生认为，The Internet makes our memory weak. 其次，各组代表根据课前所做的社会调查，借助演示文稿，做简短的关于"What do people think of the influence of the Internet on memory?"的调查报告。最后，针对问题 What do experts think of the influence of the Internet on memory? 学生自主学习。在完成整体阅读和细节阅读的基础上，对文章进行批判性阅读，梳理作者的思维过程。教师可以提供导读框架：

Conclusion		We are not becoming people with memories as a result of the Internet. It is changing what we remember and how.
Reasons	Experiment 1	People typed 40 unimportant facts into a computer.
	Result 1	Group 2 remembered the information better.
	Experiment 2	People ware given some facts to remember and also told where to find the facts on the computer.
	Result 2	They remembered the location of the information better than the name of the facts.

表2

学生通过这一层面的阅读，借助于以下问题和任务，学习论证的方法，明确论证的论据和结论。

回答问题：What do you think of Sparrow's conclusion?

学生小组活动。以小组为单位，参考 Sparrow 的实验，设计一个小实验。第一小组通过网络视频，与远在国外的一位老师做了一个小实验；第二小组也通过网络视频，与在另外一个城市的一位老师做了一个记忆测试。其他小组，利用现场条件，借助移动终端设备，与教师或同学做一个实验。通过实验，证明 Sparrow 的观点。

完成任务：Final report："The Influence of the Internet on Our Memory."

学生小组活动。以小组为单位合作完成上述报告，上传到小组平台，让学生分享交流和评价。然后每个小组选出代表，参考下列要点在课堂上进行陈述。

a. What do we think of the influence of the Internet on Our Memory?（报告本课开始阶段问卷调查的结果）

b. What do most people think of the influence of the Internet on Our memory according to our questionnaire?（报告各小组问卷调查结果）

c. What do Sparrow and other experts think according to the article?（概括和总结自己对文章的理解）

d. What kind of experiment did we do?（展示小组实验）

e. What result did we get?（总结小组实验结果）

f. What conclusion do we draw?（回答本文标题提出的问题）

（3）课后活动

学生各自修改本小组的报告；通过网络社交平台，讨论以下两个问题：

a. What kinds of information do you think are good to let the Internet "remember" for you? What kinds of information do you need to remember?

b. Do you think that you remember the location of information better than the actual information? Why or why not?

课例评析： 这节课教学所运用的工具和资源包括设备技术和网络软件，有电脑、智能手机、投影、网络平台、社交软件、网络问卷设计工具等。借助于现代信息技术和多媒体，教师建立了学生移动学习共同体和学习活动互动平台，拓展了学生课堂学习空间和学习资源，有效地实施和完成了传统教学模式无法完成的大容量学习活动，改变了教学模式和学生学习方式，营造了基于现代信息社会特点的学习环境。具体表现在三个方面。(1) 学生个体化和个性化学习得到优化，极大地促进了学生的自主性学习。学生个体借助于互动学习平台，可以根据自己的实际情况，选择学习方式。(2) 自主学习和合作学习相互补充，学习效果明显。学生或独立或分组完成了本节课的问卷调查、文本阅读、实验三项活动。(3) 突出了学生的深度理解和深度学习，学生在学习活动过程中运用语言知识和语言技能，在解决学习问题和完成学习任务的过程中发展综合能力。本节课的阅读学习活动层层深入递进，从整体阅读到获取细节信息，再到批判性阅读；学生的思维活动得到训练和发展，从个人观点到他人观点，再到专家观点，经过实验求证，很好地培养了学生的科学思维品质。特别是借助于网络社交平台和多媒体技术，使教师的教学方式和学生的学习方式实现了学习的最优化，极大地提高了学习效率。对当前的英语课堂教学有很大的启发和借鉴意义。

课例10　项目学习教学：Project：Making the news

主题语境：人与社会——新闻媒体制作。

语篇类型：说明文。

语言知识：与新闻媒体相关的词汇；新闻媒体的文体特点。

文化知识：对比中西方主流媒体的特点。

语言技能：理解性技能（读、看）；表达性技能（写、说）。

学习策略：元认知策略、认知策略、情感策略。

项目学习内容分析。

本项目活动以教材主题"新闻媒体"为依托，围绕新闻制作过程展开探究式学习。在进行必修 5 Unit 4 Making the news 单元教学时，设计了两个学习活动。一是让学生分组通过查阅媒体资料，查找"萨德"入韩，中国、英国、韩国的官方相关报道，对比这三个新闻报道的语言使用、立场和态度，分析对同一事件不同国家媒体报道的差异，总结新闻的特点和性质。二是让学生以小组为单位，在学校科技艺术节期间创作一份英语新闻报道手抄报，要求图文并茂；小组需分工完成采访、摄影、文字创作，小组合作完成创意、版面的设计和资料的选择等工作，最后每个小组出一份手抄报张贴在校园学生作品创意园地。

项目学习的目标

学生通过参与项目活动，能够：

1. 开展词汇分类探究活动，介绍中外知名主流媒体；

2. 自主探究媒体的制作过程，人员的分工，语言特点，材料筛选和建构等；

3. 合作完成英语新闻报道手抄报，体验、参与和分享新闻媒体的制作过程。

项目学习活动过程

项目学习以教材中一个单元的教学时间为周期。在单元教学开始时，教师与学生共同完成项目学习计划。学生在教师指导之下，在一个单元的教学时间内与同伴一起完成项目学习任务。在一个单元完成之后，师生共同分享和评价项目学习成果。

第一阶段：语言准备。

目标：学生熟悉话题和话题词汇。

过程：

1. 学生利用教材、网络及图书馆等资源收集有关新闻媒体及其制作过程的词汇。

2. 学生对收集的词汇进行分类，并以自己喜爱或擅长的流程图方式呈现在海报上，在全班展示分享。

第二阶段：了解世界知名新闻媒体的名称以及新闻媒体的语言特点。

过程：

1. 以小组为单位自主选择世界知名媒体，进行介绍并总结语言特点。

2. 每小组选一位代表在全班分享，其他小组进行评价，老师可以进行补充评价。

第三阶段：参与、体验新闻媒体的制作过程。

目标：设计新闻主题，进行制作分工，参与体验制作过程。

过程：

1. 以小组为单位，对新闻媒体制作团队进行分工，明确各自承担的任务和要求。

2. 完成采访、英语报道文章的撰写、图片的选择，版面的设计和布局等。

第四阶段：对比中外新闻媒体的异同，分析新闻媒体的语言特点和时空概念。

目标：学生完成一份新闻手抄报的制作，完成中外新闻媒体的特点的对比分析报告。

过程：

1. 学生整理活动记录以及相关资料，完成中外新闻媒体的制作过程和特点的分析报告。

2. 以小组为单位展示英语新闻手抄报，展示分析报告。

课例评析： 在本课例中，学生在教师的指导下，自主、合作、探究新闻媒体的特点，参与、体验、交流和分享新闻的制作过程，将语言学习、思维发展、文化感知和学习能力融入项目活动的全过程。以上学习活动的设计都是基于发展学生英语核心素养、基于学生的学习特点和需求，突出学生的主体学习地位，突出了学习内容的问题化和活动化，融合了听、说、读、写语言能力的实践和训练，让学生在真实的问题与任务情境中参与、体验、合作、共享，在活动中学会民主、平等、协商等解决问题的策略。这些学习活动的设计，突破了教材的约束和限制，大胆进行了教材的整合和其他资源的利用，突出了实践和运用，能够在较大程度上发展学生的语言能力、文化意识、思维品质和学习能力。

课例11　Unit 5 What were you doing when the rainstorm came?

主题语境：人与自然——灾难来临如何规避灾难。

语篇类型：记叙文。

语言知识：与自然现象相关词汇；过去进行时。

语言技能：理解性技能（读、看）；表达性技能（听、说、写）。

学习策略：创设学习情境，情感策略，利用视频材料，小组合作。

学情分析：本节课的教学对象为西部乡村学校学生。初中刚接触英语，对英语学习具有浓厚的兴趣，对学习和运用英语进行交流充满了好奇心和期待。学生学习英语的热情较高，课堂学习积极主动。学生已经学习过了现在进行时，并已经掌握了如何运用现在进行时来描述日常活动的技巧，有了一定的知识基础，这些都有利于他们学习过去进行时。本节课的话题紧贴学生生活，容易调动学生的积极性。

学习内容分析：本课例教学文本选自人教版《英语》教材八年级下册第五单元第一课时内容，以"What were you doing when the rainstorm came?"为中心话题，让学生通过学习和运用过去进行时，准确地描述过去正在发生的事情，这些内容都与我们的生活密切相关，能够激起学生学习英语的兴趣。同时，师生、学生与学生之间的合作交流，能够提高学生学习英语的积极性，提高英语语言学习效率。

教学目标：通过本课学习，学生能够：

1. 掌握并运用以下句型。

（1）Where were you at the time of the rainstorm /when the rainstorm came?

（2）What were you doing at the time of the rainstorm/ when the rainstorm came?

（3）I was doing...at the time of the rainstorm/when the rainstorm came.

2. 学习过去进行时的构成及用法，并能够交谈过去正在进行的事件。

3. 能够合作进行 Pair work 或 Group work 的口语交际活动，具有一定的合作能力和协作意识。

学习活动过程：

Step 1：Lead – in

Play a guessing game：Ask a student to do an action，then ask and answer questions like this：

T：What is he/she doing?

S：He/she is reading/watching TV...

Ask some students to do other actions, then have some pairs ask and answer. Explain the structure of the present continuous tense.

（通过趣味练习既复习了现在进行时，又活跃了课堂气氛。）

Step2：1a New lesson

Show a picture of playing football and ask：

T：What is the boy doing?

S：He is playing football.

T：If the action happened this time yesterday. How can we talk about it?

Help students say：what was the boy doing this time yesterday?

T：What was the boy doing this time yesterday?

S：He was playing football.

Explain the usage and the structure of the past progressive tense：

Was/were + v. -ing

Show the pictures of doing the homework, reading, going to work, waiting for the bus and shopping.

Have students work in pairs, let them ask and answer.

Show a picture about rainstorm and about it with students.

T：What was the weather like?

S：It was raining heavily.

T：Yes, it was a rainstorm. Look at these people. Where were they and what were they doing at the time of rainstorm?

Ask them to talk about it .

Then ask some students to answer the questions.

Have students read the instruction in 1a and match the statements with the people in the picture.

Check the answers in class.

Group-work：Let students work in group of four or more.

One is the reporter, and others are the people in picture a, b, c... Then ask them to think about what their family were doing at the time of the rainstorm and make their own conversations with their partners.

（展示图片，师生互动，教师获得反馈，解决学生的语法障碍。假设动作发生在过去的某个时刻，从而过渡到过去进行时态。强化练习，为学生们的 speaking 提供素材。展示动画，学习新词汇 rainstorm。呈现句型 1：Where were people when the rainstorm came? 要求学生自主完成活动 1a，并相互交流，核对答案。小组活动：让学生扮演记者临场发挥，活跃气氛，强化新语法的学习与巩固。）

Step3 1b Listening Practice

Have students read the phrases in 1b and the question the TV reporter asked loudly. Ask them to listen to the tape and circle the correct responses in the conversation. Check the answers. Listen again, fill in the blanks.

（插入 flash 动画听力，增加学习的趣味性，练习巩固本节课的重点词汇及句型。进入文本学习，强化听力训练。）

Step 4：1c Group Work

Look and say：Ask the students to practise the structures using the pictures.

（练习听说能力，巩固句型。）

Step 5：Practice

Do exercises . Ask the students to do exercises to practise the structure of the past progressive tense.

（通过练习强化并巩固本节课知识内容。）

Step 6：Summary & Homework

Summary：Play a video, review the phrases and sentences structures.

Make conversations, using the past progressive tense.

（总结回顾本课新语法，情感升华，进一步激发学生热爱英语、热爱大自然。）

课例评析：整个教学过程围绕"读"这一实践活动，以"练"这条主线贯穿于课文阅读教学中，始终以学生为主体，教师为指导，由浅入深，全面培养学生听、说、读、写四方面的能力。通过目标引领，有针对性地设计了层层递进的目标和任务，学习过程体现了本节课的知识、能力和情感目标。导入直接、自然地引入话题，激发学生学习兴趣和求知欲望，激活和提供了必要的背景知识，为进一步学习理解解决障碍，使学生在心理上和知识上做好学习的必要准备。学习活动中设置的问题和任务紧密联系学生生活实际，将学生带入情境，活跃了课堂气氛，激发了学生的进一步阅读的愿望。本单元的话题源自生活，立足现实情境，充分利用学生已有的知识和生活经验，创设生活化的真实情境，引导学生创造性地运用语言，在使用中学习语言。过去进行时是初中非常重要的语法项目，将语法教学渗透在情境性的学习活动中达成目标，克服了语法教学枯燥机械的学习方式，学习效果明显。

后 记

  本书是在本人长期从事中学英语课堂教学实践和研究的基础上，对自己所追求的中学英语理想课堂教学建构的探索和总结，融入了本人基于学科核心素养的英语课堂教学的思考和体会。在撰写本书的过程中，得到了众多单位和研究人员的大力支持与帮助。西北师范大学外国语学院教授、硕士生导师武和平博士，在百忙中对本书的写作给予了指导，提出了具体的修改建议。北京墨知缘文化传媒有限公司的葛凤芹女士对本书的出版给予了热心支持。出版社编辑的高质量、严要求、创精品的理念，使我深受鼓舞，受益匪浅。在书稿写作过程中，我的同事们也给予了我诸多帮助和鼓励。在此，向上述所有关心和支持本书的专家、学者、同人表示最真挚的感谢。

  在撰写本书的过程中，参考和吸收了许多专家和学者的论著与观点，对于引用的部分，本书在参考文献中尽可能地做了列举，在此谨向各位专家学者表示深深的谢意。

魏创文
2019 年 12 月 30 日

主要参考文献

1. 林崇德. 21 世纪学生发展核心素养研究. 北京:北京师范大学出版社,2016.

2. 教育部. 普通高中英语课程标准. 北京:人民教育出版社,2017.

3. 余文森. 核心素养导向下的课堂教学. 上海:上海教育出版社,2017.

4. 王坦. 合作学习——原理与策略. 北京:学苑出版社,2001.

5. 崔允漷. 有效教学. 上海:华东师范大学出版社,2014.

6. 高文. 我国现代教学的模式化研究. 山东:山东教育出版社,2002.

7. 张学斌. 新课程教学设计概论. 辽宁:辽宁师范大学出版社. 2002.

8. 刘玉静、高艳. 合作学习教学策略. 北京:北京师范大学出版社. 2011.

9. 布鲁斯·乔伊斯(Bruce Joyce),玛莎·韦尔(Marsha Well),艾米莉·卡尔霍恩(Emily Calhoun)著,兰英等译. 教学模式. 北京:中国人民大学出版社,2016.

10. 乔治·雅各布斯等. 共同学习的原理与技巧. 林立、马荣译. 北京:中央民族大学出版社,1998.

11. 林崇德. 中国学生核心素养研究. 心理与行为研究. 2017 (2).

12. 姜宇,辛涛,刘霞,林崇德.基于核心素养的教育改革实践途径与策略.中国教育学刊.2016(6).

13. 辛涛、姜宇.全球视域下学生核心素养模型的构建.人民教育.2015(6).

14. 程晓堂、赵思奇.英语学科核心素养的实质和内涵.课程·教材·教法.2016(11).

15. 王蔷.从综合语言运用能力到英语学科核心素养——高中英语课程改革的新挑战.英语教师.2015(12).

16. 张秋会,王蔷,蒋京丽.在初中英语阅读教学中落实英语学习活动观的实践.中小学外语教学(中学篇).2019(1).

17. 郭宝仙.英语课堂活动研究.中小学英语教学与研究.2015(1).

18. 张旭.基于学科核心素养的高中英语阅读教学.英语教师.2016(10).

19. 冀小婷.英语学科核心素养培养的实现途径.天津师范大学学报(基础教育版).2016(3).

20. 李明远.基于阅读教学的学生英语学科核心素养培养.基础外语教育.2016(5).

21. 许敏.英语课堂活动国内外研究现状述评.齐齐哈尔工程学院学报.2014(3).

22. 章兼中.英语教育的核心素养根植于其自身历史发展之中.中小学英语教学与研究.2017(2).

23. 蔡清田.课程改革中素养与能力.教育研究月刊.2010(12).

24. 顾明远.核心素养:课程改革的原动力.2016(8).

25. 陈琳.颂"学生发展核心素养体系".2016(6).

26. 褚宏启.核心素养的概念与本质.2016(9).

27. 盛力群. 小组互助合作学习参考资料. 杭州大学教育系. 1995（12）.

28. 维果茨基. 学龄期的教学与智力的发展. 龚浩然译. 教育研究. 1983.

29. 马兰. 掌握学习与合作学习的若干比较. 比较教育研究. 1993（5）.

30. 魏创文. 浅议新课程标准下影响课堂教学的几个关系. 教育革新. 2016（12）.

31. 魏创文. 高中英语课堂教学学生学习活动实践探究. 中学课程辅导. 2019（7）.

32. 魏创文. "三适"型教学模式下高中英语课堂教学实践探究. 教育革新. 2019（11）.

33. Johnson D. W. r. t. & Hulubec, E. J. Circles of Learning：cooperation in the classroom（4th ed.）. MN：Interaction Book Company, 1993：5 - 6.

34. Lindgren H. C. & Suter, W. N. Educational Psychology in the Classroom（Boston：Allyn and Bacon：Boston. 1985）.

35. Glasser W. Reality Theray.（New York：Haper and Row, 1965）.

36. Fannie Shaftel and George Shaftel, Role aying of Social Values（Englewood Clffs：Prentice Hall, Inc. ,1967）.